# Bolonka Zwetna

Fynn Hansen

## Engasjement

Vi dedikerer denne boken til alle mennesker som har hjerter og sinn store nok til å romme en Bolonka Zwetna i seg.

# Innholdsfortegnelse

# Liste over figurer

# Opprinnelse, kroppsbygning og utseende

Bolonka Franzuska = fransk skjødehund

Den lille, søte Bolonka Zwetna stammer fra Russland, men dens historiske historie er ikke helt kjent. Det som imidlertid er sikkert, er at den franske høyadelen på 1700-tallet oppdaget malteser-lignende hunder for seg selv. De var sammenlignbare med den franske bichonen. Deres funksjon var å ledsage de adelige damene og fungerte som "smykker". De var svært ettertraktet. På 1700-tallet var Frankrikes forhold til tsarens hoff svært gode, og derfor ble Bolonka Zwetna langsomt introdusert i Russland. Ifølge historien eide til og med Katarina den store flere hvite Bolonka Zwetnas.

**Den franske revolusjonen med dens konsekvenser for de små hundene**

Mot slutten av 1700-tallet, da den franske revolusjonen nesten var over, døde Bolonka Franzuska nesten ut. Årsaken til dette var at flertallet av adelen ikke hadde overlevd, og dermed forsvant også de små hvite hundene. Med bare noen få bolonkaer fortsatte avlen i Russland for å bevare denne hunderasen.

**Den hvite "edle hunden" utviklet seg til å bli et elsket dyr av befolkningen.**

Da andre verdenskrig var over, økte interessen for den nye hunderasen i Russland, og den lille virvelvinden fikk overtaket. Gjennom nøyaktig paring, som i begynnelsen var begrenset til utseende, utviklet det seg imidlertid en bestemt type hund over tid. Dette var også nødvendig for å produsere en rase som var uavhengig av Bolonka Franzuska. I 1958 ble dette oppnådd, og den første flerfargede hunden under rasenavnet "Bolonka" ble registrert i stamboken til LHFS. Forutsetningen var at rasen "Russkaya Tsvetnaya Bolonka" fikk lov til å ha alle pelsfarger, men ikke "ren hvit". I 1997 bekreftet det russiske kennelforbundet endelig standarden for hunderasen "Bolonka Zwetna".

Interessant nok er Bolonka Zwetna ikke anerkjent av FCI (Fédération Cynologique Internationale), men av RKF, som er medlem av FCI og samarbeider med den. Det var først i 2011 at "Verband für das Deutsche Hundewesen" (den tyske kennelklubben) også anerkjente denne rasen på landsbasis. Oppdretterne fra Russland er svært opptatt av å oppfylle alle kravene for å få Bolonka Zwetna også anerkjent av FCI.

Bolonka er en liten hunderase og har en mankehøyde på ca. 24-26 cm. Den veier opptil fem kilo og har en solid kroppsstruktur. Hodet er av middels størrelse og er noe avrundet. Halsen hans er av middels lengde i forhold og gir dyret en perfekt holdning. Ørene henger ned nær hodet. Det søte ansiktet med de perlende øynene gir dyret en spesiell sjarm som knapt noen kan motstå.

Pelsen til Bolonka Zwetna kan ha forskjellige farger, fra ren hvit, krem og champagne til aprikos og reverød. Det finnes ingen karakteristisk pelsfarge for denne hunderasen, da det stadig produseres nye farger på grunn av avl. Hver liten Bolonka-valp er derfor unik, og pelsen er aldri ensfarget. Pelsen i seg selv er veldig tett, silkeaktig og myk. Det er litt bølget eller krøllete.

Nøkkeldata:

- Opprinnelse: Russland
- Vekt: opptil ca. 5 kg
- Størrelse (manke): 24-26 cm
- Forventet levetid: opptil 15 år
- FCI: ikke anerkjent

Illustrasjon 1Bolonka Zwetna: Bolonka Zwetna

# Karaktertrekk av Bolonka Zwetna

I utgangspunktet er Bolonka Zwetna-hunder veldig lojale og kjærlige dyr som liker å være sammen med eierne sine hver time på dagen. De tåler ikke å være alene særlig godt, og å holde dem i en kennel er ikke i det hele tatt passende for deres art. Det beste for ham er at han kan og får være sammen med familien sin hele tiden.

Denne rasen er livlige, intelligente og veldig lekne hunder som også elsker barn og liker å leke med dem. Andre dyr eller artsfrender er ikke noe problem for dem. Hans godmodige natur er perfekt for å leve sitt liv som familiehund. Han er også en hund som alltid er klar for en koseøkt, men som også kan holde tritt med lange turer.

Hundesporten agility er også ideell for ham, da den utfordrer ham og samtidig fremmer hans allerede gode kondisjon. På grunn av sin høye intelligens er han ganske i stand til å løse kompliserte oppgaver. Han lærer nye triks veldig raskt. Alt i alt er Bolonka Zwetna en veldig smidig og smart hund. Disse egenskapene gjør det også mulig for ham å jobbe som terapihund, for hvis noe ikke stemmer, merker Bolonka det umiddelbart og tilpasser seg den aktuelle personen.

På grunn av sin åpne og vittige natur er han en god stemningssetter og tilfredsstiller samtidig sitt eget behov for harmoni. Ikke bare familier setter pris på hans natur, men også eldre mennesker eller mennesker som bor alene tiltrekkes av Bolonka Zwetna.

### Hva gjør karakteren til Bolonka Zwetna?

Bolonka Zwetna har mange positive karaktertrekk. Han er åpen for nye ting, alltid vennlig, veldig leken, hviler i seg selv, er intelligent og fremfor alt er han lojal. Han blir ikke lett en bjeffer, men kan lett forsvare territoriet sitt hvis han føler seg truet eller hvis han er ukomfortabel med noe. Han er imidlertid ikke egnet som en ren vakthund. På grunn av sin følsomhet er han veldig kjærlig og har et nært bånd til familien eller omsorgspersonen sin. Selv om Bolonka liker trening og å være ute, er temperamentet hans moderat. Han elsker å bli koset og elsker å kose.

## Hvem er egnet som innehaver?

Hvis den lille Bolonka får være sammen med omsorgspersonen eller familien sin, er han fornøyd og glad. Denne hunderasen er lite krevende, så du kan også holde ham godt i en leilighet i byen. Men han vil heller ikke nekte et hus med hage. Han har lært å tilpasse seg alle mulige situasjoner. Men hvis han bor i en familie der det er hyppige krangler, kan dette ha en effekt på Bolonkas temperament. Han trekker seg mer og mer tilbake og er innadvendt.

Bolonka Zwetna elsker all slags trening og spesielt lange turer, men han har ikke noe imot en kort spasertur. Når du blir kjent med en Bolonka, vil du alltid elske ham.

Til slutt er han en liten "allrounder" og er veldig populær blant store og små hundefans. Videre er han ideell for førstegangs hundeeiere, da han er godt tolerert, elsker å lære, er veldig fiksert på mennesker og er lett å lede. Han har en stor evne til å tilpasse seg familien sin og liker å være sammen med mennesker som er aktive i sport, men han tilpasser seg også roligere mennesker. Dessverre er hans mangel at han ikke liker å være alene hjemme i flere timer. Singler som jobber hele dagen bør heller holde seg borte fra denne rasen. Noe av det han liker best er å være sammen med menneskene sine og følge dem hvor enn de går. Han er en perfekt og trofast følgesvenn. Han er en god match for par og familier, så vel som for eldre som fortsatt føler seg i god nok form til å ta ham med på en daglig spasertur. Hvis Bolonka er vant til lite trening og færre lekeøkter når den fremdeles er valp, vil den ta dette med seg inn i voksen alder og leve godt med det.

**Men:** Til tross for sitt søte utseende og lille størrelse, er han en hel hund! Som alle hunder elsker han å være ute, liker å leke med andre hunder, slippe ut damp og løpe. Bare å være hjemme og ikke gjøre noe er ikke egnet for Bolonka. Han trenger å gå en stor tur minst to ganger om dagen og ha en meningsfull aktivitet. Han trenger å teste intelligensen sin på nye spill og holde utholdenheten på et jevnt nivå.

## Familien Bolonka Zwetna i familien

En Bolonka trenger mye omsorg og oppmerksomhet fra familien sin. Han ønsker å bli sett på som et medlem av familien. Samtidig er han en veldig søt og leken representant for sin rase. Han er veldig glad i barn og liker å tilbringe tid med dem. Selv barn kan trene godt med ham. Det vil være morsomt for dem å lære ham små triks, og på grunn av hans lille størrelse kan de håndtere ham godt. Bolonkas kaster veldig lite pels, noe som er spesielt gunstig hvis det fortsatt er babyer i en familie, som uansett vil plukke opp alt når de kryper og putte det i munnen. Hvis det bor andre kjæledyr i husholdningen, er dette ikke noe problem for Bolonka.

Tvert imot, han er glad og takler det godt. Det spiller ingen rolle om det er hunder, katter eller andre smådyr. God og tidlig sosialisering gjør den allerede svært omgjengelige Bolonka enda mer ukomplisert i omgang med artsfrender og mennesker. Det spiller ingen rolle om han får lov til å slappe av på sofaen med omsorgspersonen sin eller å dra til byen med ham, Bolonka tilpasser seg. Han er den ideelle familiehunden.

### Hva bør man være oppmerksom på når Bolonka Zwetna bor sammen med barn?

Hvis det fortsatt bor veldig små barn i husholdningen, bør du sørge for at de ikke er for grove med den lille Bolonka. De kan skade ham ved et uhell. Dette er fordi den lille hunden har en delikat kroppsstruktur og ikke er så sterk som noen av sine medhunder. Selvfølgelig må voksne også være forsiktige med å ikke skade ham.

Selvfølgelig er det også viktig at - som med alle andre hunder - barn og hunder aldri skal være alene sammen. Spesielt babyer og små barn bør aldri være sammen med en hund, selv en liten Bolonka, uten tilsyn av en voksen. Selv om den er kosete og leken, er det fortsatt en hund som kan bite. Barn er ennå ikke i stand til å forstå eller tolke dyrets advarselssignaler riktig. I tillegg kan hunden ved et uhell sitte på babyen eller barnet.

## Valpen - hva bør man tenke på?

Når du har funnet den rette valpen for deg etter mye frem og tilbake, er det på tide å forberede leiligheten eller huset for valpen. Det nye familiemedlemmet trenger et eget sted, der kurven eller sengeputen er. Det er viktig å sørge for at det nye stedet også tilbyr valpen nok fred og ro slik at den kan trekke seg tilbake akkurat når noe blir for mye for den. Men vær også oppmerksom på at dette stedet ikke er for langt unna, ellers vil de små Bolonka-valpene ha følelsen av at de blir forlatt alene.

Du bør alltid huske på at de små valpene, som små barn som fortsatt trenger sine kos, krever sin "redevarme". Det hjelper de fleste valper hvis du legger et slitt klesplagg, for eksempel et skjerf med menneskelukt, i kurven sammen med dem. Som med alle valper kan det skje at den unge Bolonka, spesielt de første timene etter ankomst til sitt nye hjem, begynner å hyle nå og da når den ligger i kurven eller på teppet. Han savner moren og søsknene sine. Men dette betyr ikke at den søte Bolonka alltid skal tas i armene dine eller til og med i din egen seng.

Det er et absolutt no-go. Han bør ikke lære å bli klemt hver gang han hyler. Bolonkas lærer veldig raskt, og det kan utvikle seg til en dårlig vane. For å venne valpen til et fast fôringssted helt fra starten, bør du vanligvis velge kjøkkenet for å sette en mat- og vannskål der. Dette er vanligvis det mest praktiske. I begynnelsen er det fornuftig å bruke det samme fôret som valpen fikk fra oppdretter eller tidligere eiere. Dette gir valpen nok tid til å venne seg til sitt nye miljø og bli kjent med sine nye eiere. Da kan den bedre venne seg til ny mat.

Men hvis du ønsker det, kan du også venne den unge hunden din til et annet, mer næringsrikt fôr. Dette er mulig etter en viss tid. Du bør bare sørge for at det nye valpefôret har en høy næringsverdi og inneholder de viktige næringsstoffene (se kapittelet Ernæring) som valpene trenger. Tålmodighet er veldig viktig de første to til tre dagene, til Bolonka Zwetna har bosatt seg litt og har en "hjemmefølelse".

Før valpen flytter inn i sitt nye hjem, bør du allerede ha det grunnleggende utstyret, som inkluderer følgende:
- Krage eller brystsele (bedre å bruke da den ikke klemmer og trekker i nakken),

- ett til to hundebånd og
- de riktige børstene for pelspleie.

Det grunnleggende, som børster, øre- og øyerense, eventuelt hundesjampo og saks, er en del av basisutstyret. I en leilighet eller et hus er det vanligvis en "farekilde" et sted, for eksempel kabler som ligger på gulvet eller gjenstander med skarpe hjørner og kanter. Du bør prøve å uskadeliggjøre disse så mye som mulig og legge kablene trygt opp. I løpet av akklimatiseringsfasen ville det selvfølgelig være bedre hvis du hadde muligheten til å ta noen dager fri fra den daglige arbeidsrutinen, slik at du kan konsentrere deg fullt ut om din lille Bolonka. En transportkasse er også viktig og bør ikke glemmes. Det gir hunden den tryggheten den trenger under bilturen og kan også tilby dyret et sted å trekke seg tilbake i et nytt hjem.

Det er bra å ha god grunnleggende kunnskap om hundepsykologi, da det kan hjelpe deg å leve i harmoni og lykke med valpen og senere voksen hund. Du trenger ikke å være ekspert på dette feltet, men bare ved å lese faglitteratur om valpetrening og hundeeierskap vil du kunne utvide kunnskapen din. Men hvis tiden kommer når din egen kunnskap ikke lenger er tilstrekkelig, bør du søke hjelp fra en erfaren hundetrener.

I hundeverdenen kommuniserer valper med hverandre fra begynnelsen av gjennom kroppsspråket. Dette inkluderer ansiktsuttrykk, kroppsholdning, lukten av hverandres valper og lydene de lager. Generelt bruker hunder munnen, øynene, ørene og halen for å uttrykke følelser.

## Valpens bevegelser og ansiktsuttrykk

Å tolke hunden og kroppsspråket til hunden din kan noen ganger være veldig spennende og interessant. Dette gir deg muligheten til å vurdere din Bolonka Zwetna godt i forskjellige situasjoner og å handle med fremsyn deretter. Faglitteraturen tilbyr tilstrekkelig materiale om emnet, eller du kan besøke en hundeskole der du blir instruert og kan berolige deg selv igjen og igjen.

Bolonka Zwetna har ingen aggressive trekk, men er veldig smart, søt og alltid klar til å lære nye ting. Av disse grunnene er det ikke spesielt vanskelig å trene denne rasen. Som med alle andre hunder bør man sørge for at den har regelmessig kontakt med andre hunder. God sosialisering er ekstremt viktig. Når han har flyttet inn i sitt nye hjem, bør han integreres kjærlig i den daglige rutinen og introduseres for andre dyr som bor i huset og barna. Det er viktig for hans utvikling at han for det meste har gode opplevelser. Tiden du bruker med din nye kjære vil lønne seg senere. Bolonkaer er hunder som liker å jobbe med menneskene sine og fortjener derfor ikke urettferdig behandling.

Valper har en rekke gester for å gjøre seg bemerket - ikke bare - blant sine jevnaldrende. De er ikke bare gode på gester og kroppsspråk, men også på ansiktsuttrykk, som de bruker til å kommunisere med andre hunder. På denne måten viser de at de er sultne, redde eller krever kjærlighet.

Hvis den fortsatt lille hunden ser stivt i en retning og pupillene er innsnevret, er dette en truende gest. I hundeverdenen snakker man også om det såkalte "onde øyet". Dette betyr at hunden ikke ser "ren" ut og kan bite uten forvarsel.

## Valpen bygger seg spesielt opp.

Hvis valpen føler seg spesielt modig eller viser aggressive sider, vil den bygge seg opp og gjøre seg stor. Ører og hale vil da være oppreist. Han vil sannsynligvis stikke ut brystet og heve hårene på nakken og ryggen. Han kan også logre forsiktig med halen når han knurrer - et tegn på usikkerhet.

## Valpen gjør seg veldig liten.

Hvis en hund er underdanig, gjør han seg så liten som mulig for å fremstå som en valp. Hans håp er at hans motpart vil la ham være i fred, fordi voksne hunder, for eksempel, vil irettesette valper, men aldri angripe og bite dem. Når valper er underdanige, vil de vanligvis krølle seg sidelengs på gulvet, holde halen veldig flat og logre forsiktig med den. Noen ganger vil de prøve å slikke ansiktet til den overordnede hunden eller omsorgspersonen. I mer ekstreme situasjoner vil de ligge helt på ryggen og eksponere halsen.

Figur 2Valp gjør seg veldig liten.

## Å vifte med staven

Å logre med halen tolkes ofte som et tegn på snillhet og glede. Men overdreven logring har ofte blitt observert hos underdanige hunder. Så logring kan også ha flere betydninger:

- Hvis hunden logrer sakte og halen er relativt stiv, er hunden irritert.
- Hvis halen er gjemt mellom bakbena, er dette et tegn på frykt.
- Rastløse eller nervøse hunder holder noen ganger halen nede og logrer bare antydende med den.
- Hvordan hunder bærer halen varierer fra rase til rase. Generelt kan det sies at en hale som er i en vinkel på mer enn 45 grader mot ryggen representerer årvåkenhet og interesse.

## Valpens ansikt

En valps ansikt og ansiktsuttrykk kan avsløre mye om dens nåværende sinnstilstand. Er valpen redd? Er han begeistret? Vil han spille? Disse og andre følelser kan gjenkjennes og reageres på ved hjelp av ansiktsuttrykkene. Hvis ørene peker fremover, betyr det at valpen er våken og lytter. Hvis ørene derimot ligger flatt mot hodet, kan dette både uttrykke glede og indikere frykt. For å "lese" stemningen riktig, bør du ta hensyn til andre tegn og sette dem inn i en felles kontekst.

Hvis du observerer at øynene bare er litt lukket, er dette vanligvis et tegn på glede eller aksept for at du er "flokklederen". Men hvis øynene er vidåpne, er valpen våken og i "beredskap". Naturen har ordnet det på en slik måte at hunder, når de møter hverandre og bestemmer hierarkiet seg imellom, ser inn i hverandres øyne til den svakere gir etter og trekker seg tilbake. Hundeeksperter anbefaler også denne typen atferd i valpetrening: i en urolig situasjon, se på valpen til den bryter vekk fra blikket og trekker seg tilbake.

# Å oppdra valpen riktig betyr også å bygge tillit!

Når valpen endelig har ankommet, bør du alltid huske på at den lille fyren er nyseparert fra moren, søsken og tidligere miljø. I denne overgangsperioden er det viktig at han har positive opplevelser som han kan knytte til deg og sitt nye hjem. Det gir liten mening å prøve å lære ham grunnleggende kommandoer. Han må bygge opp tillit til deg, da dette er det grunnleggende grunnlaget for opplæring. For å gjøre dette, bør du kalle ham ved navn så ofte som mulig, kose ham mye og selvfølgelig leke mye sammen.

Den lille valpen må føle seg komfortabel med deg, for først da vil han lære å akseptere sitt nye miljø og følgelig være åpen for alt - inkludert de grunnleggende kommandoene.

## Bolonka Zwetna valper

Den alltid humørfylte og smidige hunden har rykte på seg for å være den perfekte familiehunden. Bolonkaer er alltid nysgjerrige, veldig tilpasningsdyktige og lekne. Det er nettopp på grunn av hans gode karakter og store iver etter å lære at det ikke er komplisert å trene ham. Han har heller ikke noe imot å tilpasse seg de vanlige vanene og familielivet uten videre. For at han skal gå lykkelig gjennom livet, trenger ikke Bolonka Zwetna mye: oppmerksomhet og mye kjærlighet. Selv om han er velbalansert, søker han alltid kontakt med menneskene sine og insisterer på å bli betraktet som et "familiemedlem". Spesielt i valpetiden er Bolonka et ekstremt kjærlig dyr som vil være med deg overalt og ikke vente alene hjemme.

## Hva er anskaffelseskostnadene for en Bolonka Zwetna valp?

Anskaffelseskostnadene er, som med de fleste rasehunder, svært høye. Du bør beregne et beløp på 900,00 € til 1.500,00 €. Man må imidlertid også ta hensyn til hvor mye tid og krefter (også økonomisk) en oppdretter legger i å oppdra de små skapningene før de er gamle nok til å bli gitt bort. Da virker kjøpesummen ganske rimelig.

En oppdretter som tilhører en forening går gjennom en lang prosess for å få avlstillatelse. I alle fall bør du være forsiktig hvis Bolonka valper tilbys til en mye lavere pris. Dette skyldes hovedsakelig såkalte "avlsfabrikker", som avler altfor mye med moderdyrene. Hundene holdes ofte ikke på en artstilpasset måte og har sykdommer som de også kan overføre til valpene sine.

Derfor er det veldig viktig å informere seg på forhånd om mulige oppdrettere hvis man ikke vil oppleve en ubehagelig overraskelse. I tillegg fratar du de "gale oppdretterne" deres grunnlag hvis det ikke kjøpes flere valper fra dem, selv om hundene fremdeles er så søte.

## Renhold i husholdningene har høyeste prioritet

Valper har én ting til felles: Før de "setter seg", viser de en typisk atferd. Enten snur de seg i en sirkel på ett sted, eller så begynner de å snuse mye på bakken. Du bør finne ut hva valpens atferdsmønster er, og hvis den viser det, ta den umiddelbart med ut hvor den kan koble av. Men merk: ikke ros under "løsningsprosessen". Valpen ville stoppe umiddelbart. Om natten skal han sove ved siden av sengen din, slik at du kan reagere umiddelbart hvis du merker rastløshet og deretter bære ham ut. Hunden er et flokkdyr og lider mye når den blir utstøtt fra flokken sin. Derfor må du ikke gjøre dette mot ham og **aldri** låse ham på badet eller i kjelleren om natten.

Hvis det er et uhell i leiligheten, kan du ta vare på det uten å skjelle ham ut, banne eller til og med straffe ham med makt. Hvis du tar ham på fersk gjerning, kan du plukke ham opp med ordene "Nei/Fie" og sette ham utenfor. Det er best å gi deg selv en god to uker når valpen ankommer.

## Valper trenger klare beskjeder!

En trend som blir mer og mer utbredt i samfunnet, er antiautoritær oppdragelse. Dette gjelder kanskje også for mennesker - men ikke for hunder! Valper trenger veldig klare kunngjøringer og orienteringer for å rangere seg selv i hierarkiet. For at valpen din skal ta deg på alvor som flokkleder, må du snakke med fast og rolig stemme. Unngå å bruke for lange setninger som "Ikke gjør det, du vet at du ikke har lov til å gjøre det". Du vil sikkert lære hunden din et par ting, men tysk er definitivt ikke en av dem. Ansiktsuttrykk og gester samt korte, men tydelige kommandoer vil hjelpe deg.

Små valper vil alltid lære og er nysgjerrige. Men for at de skal lære, må de også forstå deg først. I begynnelsen er enkle håndsignaler nok før du begynner med de grunnleggende kommandoene.

## Sett grenser!

Valpen kan ennå ikke sette pris på hvor følsom menneskelig hud er, og at han ikke bare kan nappe og bite i den som han vil, selv om han fikk lov til å gjøre det med søsknene sine. Han kan heller ikke skille mellom hvilke ting som er verdifulle eller ikke. Valper som blir kjent med nye ting, bærer dem rundt i munnen eller napper på dem - til stor irritasjon for mennesker.

Under alle omstendigheter må du stoppe dette og deretter tilby ham et alternativ slik at han slutter med den uønskede atferden. Her er et lite **eksempel:** Hvis den lille hunden begynner å nappe uhemmet på bordbena, bør du irettesette ham med ordene "av eller fie" og direkte tilby ham et tyggebein eller et leketøy der han kan begrave de spisse tennene. Viktig: ros ham så snart han begynner å engasjere seg med det nye objektet. Så snart valpen forstår at du gir ham maten, kan han prøve å få oppmerksomheten din ved å bjeffe, hvine eller andre anstrengelser. Du må ignorere denne oppførselen og under ingen omstendigheter gi ham noe fra middagsbordet. Vær bestemt! Først da vil han lære at han ikke har lov til å tigge ved bordet. Jo mer konsekvent du er, jo raskere vil han forstå.

### Ros og klander ligger tett sammen!

Hvis valpen har gjort noe riktig, kan du belønne den på forskjellige måter. Du kan gi ham en godbit (men ikke for mye), klappe ham med vennlige ord eller leke med ham sammen. Men hvis du tar ham i å gjøre noe uønsket, irettesett ham med et "fie eller ut". Ordet "nei" anbefales ikke nødvendigvis, da det brukes for ofte i løpet av dagen blant mennesker og valpen ikke er ment med det. Det har også en lignende lyd som "fint", noe som kan føre til at valpen blir forvirret.

Enten du vil / trenger å rose eller irettesette hunden din, er det viktigste at det gjøres umiddelbart etter en bestemt oppførsel. En morhund irettesetter heller ikke valpene sine etterpå, men umiddelbart.

### Den vanligste feilen i opplæring av valper

Hvis hunden viser en atferd som er redd eller aggressiv, eller hvis en situasjon som ennå ikke er kjent overvelder hunden, tror de fleste at de må klappe den unge og redde hunden for å redusere frykten eller den aggressive atferden - men dette er helt feil! Feil, fordi hunden oppfatter dette som ros for sin fryktsomme eller aggressive oppførsel og dermed blir enda mer redd.

I utgangspunktet blir fryktfull og/eller aggressiv atferd verken belønnet eller forbudt, men ganske enkelt ignorert. Svært raskt kan dette virkelig bli et stort problem.

## Første øvelser - Hva du skal se etter i foreldrerollen

### Hundetrening før og nå

Som nesten alt har metodene for hundetrening endret seg. Mens ideer om dominans, underkastelse og en streng til røff flokkledelse fortsatt var utbredt på 1980-tallet, fokuserer moderne hundeskoler på positiv forsterkning. Dette betyr at hunden roses for riktig oppførsel, for eksempel med godbiter. På denne måten lærer hunden at denne atferden er ønsket og at den vil bli belønnet.

Belønningen kan ta mange former og trenger ikke bare være godbiter. Du kan la valpen leke med favorittleketøyet eller klappe den. Alt han liker å gjøre som ikke overskrider grensene du setter, er tillatt. Vær kreativ med å motivere. Du kjenner hunden din best og vil raskt vite hva som gir den glede. En liten lek med deg eller å kose sammen styrker også båndet. Dine bevegelser og bruk av stemmen din kan også signalisere til den lille at han har gjort noe superflott. Hunder elsker å bli feiret! Hvis du jobber med godbiter, spesielt i begynnelsen, legg til variasjon der også. Forbered en overraskelsespose med alt Zwetna liker. Dette kan være tørket brisling, bananchips, eple ringer, kokosnøtt chips, trimmet biter av svinetarm, presset godbiter fra posen, etc. Hunden din vet aldri hva du vil gi ham. Hunden din vet aldri hva du vil finne ut av posen og vil være dobbelt oppmerksom!

Ikke la andre hundeeiere belære deg eller overtale deg til din treningsmetode hvis du ikke føler for det. Hver hund er forskjellig, og hver hundeeier har sin egen oppskrift som han eller hun mener er den eneste riktige. Å trene en labrador eller en terrier er imidlertid ikke det samme som å trene en Bolonka Zwetna.

Likevel bør du ikke være redd for å spørre andre hundeeiere om dine treningsmetoder hvis du ser at de er vellykkede. Uoppfordrede råd er irriterende, spesielt hvis de begynner med "Vel, jeg gjør det alltid slik ..." og har en undertone av preken. Det er annerledes hvis du åpent henvender deg til den andre hundeeieren og spør dem. De fleste deler gjerne sine erfaringer! Vennligst ignorer også ordtak som "men han er stor, han trenger sikkert en fast hånd" (hvis mulig, med et overlegent smil, hvis ikke, ved å tenke din del og gå videre uten kommentarer). Ideen om dominans, av mennesker som flokkledere, er absolutt ikke helt feil, men en hard hånd er det siste din følsomme hund trenger.

En hund trenger klare regler. Dette innebærer å være tålmodig og konsekvent, selv om det er vanskelig. Empati og høflighet er egenskapene du forventer av hunden din. Hvordan skal han lære dem hvis du gir ham feil eksempel?

Å rykke i båndet, gripe og riste hunden i nakken, kaste hunden på ryggen, true med avisen eller slå den har ingen plass i et forhold mellom hund og eier som skal være preget av respekt og kjærlighet. Vellykket hundetrening krever ikke vold, og bare de som trener hunden sin på en vennlig, men bestemt måte, vil senere ha en behagelig firbeint venn i båndet.

## Utdannelsen av Bolonka Zwetna

Som allerede nevnt flere ganger er Bolonka Zwetna veldig kjærlige dyr som ikke forlater eierens side. Siden de er små, er det vanligvis ikke noe problem å ta dem med overalt. Man bør imidlertid sørge for at "menneske-hund-forholdet" forblir i balanse. Dette betyr at du må være konsekvent til en viss grad og være seriøs med treningen. Bare da er det garantert at en harmonisk sameksistens vil lykkes i årene som kommer.

Her er noen **tips for** å oppdra den livlige Bolonka Zwetna:

### Opplæringsmiljø:

Generelt, når du trener valper, bør du velge et miljø der det er så få distraksjoner som mulig for de små (et rom eller i hagen). På denne måten kan mennesker og hunder konsentrere seg bedre, og læringsmålene oppnås lettere. Motivasjonen øker selvfølgelig også fordi den lille Bolonka raskt forstår og kan praktisere det den har lært. Hvis treningen allerede går ganske bra i lavstimuleringsmiljøet, kan neste trinn være å flytte treningen utendørs, der flere stimuli strømmer inn på den lille hunden. Bolonkaen må lære at kommandoene gjelder overalt og at han alltid må være klar til å bli kalt av, uansett hva som skjer rundt ham. Dette er også viktig for hans egen sikkerhet.

### Ros til rett tid:

Det er også viktig å rose den lille valpen nøyaktig når han har gjort noe riktig. Dette kan gjøres med et enkelt ord som "Bra" eller "Flott" eller ved å spille et lite spill, som også betyr ros for ham. Det samme gjelder selvfølgelig når han har gjort noe som ikke var OK for eieren. Her må valpen irettesettes direkte i situasjonen, ellers vil han ikke forstå hva han har gjort galt.

## Vær tålmodig:

Til tross for Bolonkas' intelligens, vil du oppdage at ikke alt alltid går etter planen under treningsøktene, og du må gjenta noen ting om og om igjen. Men hvis du viser tålmodighet og konsistens, vil den lille Bolonka forstå hva du vil ha fra ham. Det er også viktig at det er ro og en avslappet atmosfære under en treningsøkt. Hunder registrerer veldig raskt når omsorgspersonen deres er stresset, utålmodig eller til og med sint. Han vil deretter trekke seg tilbake. Det er da bedre å fortsette på et annet tidspunkt. I utgangspunktet bør en øvelse alltid ende med en liten suksess for Bolonka.

## Nei betyr også nei!

Det er nyttig å tenke på hva den lille hunden kan og ikke kan gjøre i fremtiden før den flytter inn. Du kan tenke på hva som er fornuftig i familien og deretter sette opp faste regler som må overholdes av alle. Du kan for eksempel bli enige om at ingen i familien vil gi hunden noe fra bordet.

Hvis Bolonka ikke har lov til å sove i sengen, har den heller ikke lov til å sove på barnerommet. Det er ikke hensiktsmessig å gjøre et "nei" om til et "ja" fra tid til annen. Dette forvirrer bare Bolonka Zwetna, og den vet ikke hvordan den skal oppføre seg ordentlig. Siden Bolonka er smart, vil den alltid prøve å hevde sin nye rett og stadig kreve den.

## Positiv støtte

Små belønninger under opplæringen fungerer som positiv støtte. Men godbiter trenger ikke gis hver gang. For noen hunder fungerer det til og med bedre hvis de får favorittleketøyet sitt eller et stryk som ros. Eieren må selv finne ut hva hans Bolonka reagerer best på. Men du bør aldri slå hunden din eller straffe den på noen annen måte hvis noe ikke fungerer slik du trodde det ville, eller hvis den gjør ugagn. Det er bedre å lære ham kommandoene "av" eller "nei" og å jobbe tilsvarende med stemmen og kroppsspråket for å vise ham at han har gjort feil.

### Valpen alene hjemme

Unge dyr er alltid søte, og du vil gjerne ha dem med deg overalt. Likevel vil det være tider når den unge hunden må være hjemme alene.

Begynn å lære ham dette veldig tidlig, jo lettere blir det for ham senere. Det beste tidspunktet å starte en slik øvelse er når valpen er sliten, for eksempel etter å ha boltret seg eller når den har spist. Vanligvis føler dyrene da behov for å trekke seg tilbake. I løpet av et slikt øyeblikk, gå ut av huset et øyeblikk uten å adressere valpen. Hvis du hører den lille fyren begynne å hyle inni deg, avbryt dette ved å si "av eller fie" høyt. Når du kommer tilbake til huset og den lille har ventet godt, bør du rose ham overdådig. Over tid kan du øke tiden mellom "å gå ut" og komme tilbake.

## Å venne valpen til halsbånd og brystsele

Hvis du har tenkt å venne den fortsatt unge valpen til halsbåndet og / eller brystselen, bør dette gjøres så tidlig som mulig.

Figur 3: Å venne valper til en brystsele.

Du kan begynne med å vise ham halsbåndet og ta det på så lett som mulig. Svarene på dette er veldig forskjellige: noen valper begynner å skrike forferdelig og motstå med all sin makt, andre takler det som om det var helt normalt, og andre igjen går inn i en slags "sjokkparalyse" og tør ikke ta et skritt.

Uansett hvordan den unge valpen reagerer, er det viktigste å holde halsbåndet på veldig kort. Det avhenger av hvilken reaksjon valpen har vist. Hvis det var bra, kan du ta på kragen igjen samme dag eller neste dag hvis det er en sjokkreaksjon. Hvis han var god, bør du rose ham med en glad stemme. På denne måten forbinder han kragen med en gledelig begivenhet. Det andre trinnet er båndet. Igjen er det bedre å vise valpen båndet på forhånd og bare feste det til halsbåndet et kort øyeblikk. Når han har akseptert dette, kan du begynne å øve på å gå i bånd med ham innendørs.

Hvis hunden etter disse øvelsene skal gå sin første virkelige tur i friluft, bør den i det minste kunne utføre de grunnleggende kommandoene, som er: Sitt, Sitt ned, Bli, Her og Heel bør beherskes minst halvveis. Den unge hunden må vite omtrent hva som menes. Men eieren trenger også mye tålmodighet med kommandoene, fordi valpen ikke alltid vet umiddelbart hva som blir bedt om den, og den vil ikke adlyde umiddelbart. Spesielt når den unge hunden er i skogen eller på en hundeløype for første gang, er det mange nye ting å oppdage, og den vil ønske å snuse rundt overalt. I tillegg vet den lille Bolonka ikke hvordan han skal gå i bånd ennå, og han må fortsatt lære. Men bolonkaer er veldig intelligente og lærevillige, og de forstår veldig raskt hva du vil at de skal gjøre.

## Grunnleggende kommandoer - lekende opplæring

Valpen har kommet hjem - etter lang ventetid for de nye eierne - og har flyttet inn i sitt nye hjem. Han har funnet seg godt til rette og skal nå få grunnleggende opplæring. Men hvorfor er det så viktig at valper lytter til menneskene sine? Først og fremst tjener de grunnleggende kommandoene til å holde valpen trygg og beskyttet. For hvis han ikke lærer grunnleggende lydighet, kan det lett skje en ulykke, og det ønsker du absolutt ikke. Disse kommandoene er også viktige i dagliglivet hvis Bolonka alltid vil være sammen med deg.

De unge valpene må ikke overbelastes når de lærer de grunnleggende kommandoene, da de bare kan konsentrere seg i kort tid. Hvis du planlegger flere øvelser hver dag, kan du utvide dem kontinuerlig til en halv time hver dag til de er fem eller seks måneder gamle.

Du kan fortelle at den lille valpen din er overveldet når den begynner å gjespe, klø seg eller legge seg ned. Bruk denne tiden til å legge deg ned med ham og kose litt med ham. Denne oppmerksomheten styrker båndet, tilliten og gir valpen en følelse av trygghet. Det er viktig å være tålmodig, rolig og balansert under alle øvelsene du gjør med valpen din. Fordi det ikke nytter hvis du blir utålmodig, vil valpen også miste interessen. Lydigheten til den lille Bolonka konsolideres gjennom vane og regelmessig praksis. Ved å trene på forskjellige steder vil valpen ikke bare knytte en kommando til et bestemt sted.

Hvis kommandoene er korte og konsise, kombinert med håndtegn, vil han forstå dem over tid, selv på større avstand.

**Godt å vite:** Først håndsignalet, deretter kommandoen. Belønn ønsket atferd umiddelbart, ignorer uønsket atferd.

Hva er de grunnleggende kommandoene?

- Sete
- Sted
- Opphold
- Kom
- Fra

Disse fem viktige kommandoene i hundetrening er essensielle for hver hund å kunne, slik at det ikke er så stressende for eierne i deres daglige omgang.

## Hvor er det best å begynne?

For å gjøre det lettere for valpene å lære, bør treningen alltid begynne i et kjent miljø med svært lite stimuli. Graden av økning bør justeres svært langsomt. Dette er den beste måten å øke mestringsfølelsen på. Det er også avgjørende å velge riktig tidspunkt. **Oppmerksomhet:** De første to sekundene etter en øvelse er avgjørende for positiv atferd, fordi valpen da vil assosiere sin atferd med en belønning som en ønsket atferd.

Belønning bør ikke og trenger ikke gjøres med godbiter hver gang. Et enkelt ord som "Flott" er allerede tilstrekkelig eller et lite spill med valpen, som han også ser på som en belønning. Den beste måten å finne ut hvilken type belønning som skal brukes til valpen, er gjennom prøving og feiling. En blanding av godbiter, rosende ord eller korte spill kan også tenkes. Det viktigste er at den lille hunden venter oppmerksomt på neste kommando.

Et problem med å rose med godbiter er at valpen rett og slett kan bli "lei" av belønningen og ikke lenger akseptere den. Her må du prøve ut hvilke andre typer han liker, eller om det i det hele tatt er fornuftig å rose ham med godbiter. Det er imidlertid mye viktigere at han kan assosiere sin gode oppførsel med måten han blir rost på.

I begynnelsen er det fornuftig å øve på nye kommandoer med godbiter. Hvis valpen mestrer disse kommandoene godt, kan du gradvis slutte å gi dem og bare rose med stemme, ansiktsuttrykk og lek. Hvis du jobber mye med godbiter, er det imidlertid tilrådelig å sørge for at du reduserer hovedmaten for å forhindre at valpen blir overvektig.
Det er også viktig at tilstrekkelige hvileperioder overholdes. De nyinnlærte tingene må først internaliseres og kunne hentes når som helst for valpen.

## Navnet på valpen skal ikke høres ut som en kommando

Valpens navn skal ikke høres ut som om det er en kommando. Når du kaller Bolonka-valpen til deg, vil den assosiere navnet sitt med å være ment. La det deretter gå noen sekunder før en ny kommando gis til hunden. Å kalle hunden ved navn skal absolutt ikke høres ut som om det er en kommando - navnet skal absolutt ikke være synonymt med en kommando.

Å lære en valp navnet sitt er ikke spesielt vanskelig. Hundeeiere som allerede har hatt en hund eller to, kjenner prosedyren: Når valpen ikke er opptatt og kanskje til og med kjeder seg, kan du ringe ham med en optimistisk og høy stemme. Det alene burde være nok til å få valpen til å se bort på sin herre. Og dette er det perfekte tidspunktet for å rose ham overdrevent. Hvis denne prosedyren har blitt brukt noen ganger, vil valpen spisse ørene så snart han hører navnet sitt.

## Fastsette klare regler

Det er spesielt viktig å vise den unge valpen klare regler hvis ikke bare en person er ansvarlig for oppdragelsen, men også andre familiemedlemmer er integrert. Hele familien må være enige om hva den unge valpen har lov til å gjøre og hva den helst ikke bør gjøre.

## Her er et lite eksempel:

Den unge valpen er midt i et spill og drar den høyt elskede håndvesken ut i hagen og leker med den. Et familiemedlem synes det er for morsomt og søtt hvordan han tumler rundt med den, og et annet medlem løper etter den i opprørt tilstand og prøver å ta håndvesken fra valpen.

En slik situasjon ville være veldig forvirrende for valpen. Han vet ikke hva han har gjort galt, og et høyt eller opprørt stemmeleie vil bare irritere ham ytterligere.

## Selv de yngste barna bør lære kommandoen "Sitt!".

Spesielt unge valper, som ikke har hatt noen erfaring med læring i det hele tatt, er godt i stand til å forstå kommandoen veldig raskt. For å øve på denne kommandoen, stå eller sitte på huk foran dyret og hold en godbit mellom tommelen og langfingeren. Hold nå opp pekefingeren for å lære valpen "sitt" -tegnet. Hånden med godbiten går nå opp forbi hundens nese slik at valpen blir tvunget til å legge hodet på nakken - til den sitter på gulvet. Hvis du observerer at han bringer bakenden mot bakken, gir du kommandoen "Sitt". I det nøyaktige øyeblikket når baken berører bakken, gir du ham umiddelbart godbiten og roser ham veldig mye.

Figur 4Visuelt signal "Sitt

## Slik lærer valpen kommandoen "Sitt!":

- Unge valper som ennå ikke har hatt noen erfaring med læringsøvelser forstår kommandoene "Sitt" og "Ned" veldig raskt.
- For "Sitt" ta en godbit mellom tommel og langfinger.
- Beveg hånden med godbiten opp forbi nesen hans.
- Så snart baken beveger seg mot bakken, gi kommandoen "Sitt!".
- Hvis valpen setter seg ned, men deretter prøver å stå på bakbeina, må atferden stoppes med et skarpt "Nei".
- Når valpen har satt seg, gis belønningen umiddelbart.
- Vent lenger hver gang før du gir en godbit.

- Etter noen treningsøkter, si kommandoen "Sitt" uten godbit, da valpen bare skal svare på håndsignalet.

Ved å banke på dine egne lår eller klappe i hendene signaliserer du til valpen at den har lov til å reise seg og komme. Det er også viktig å merke seg at under valpetrening er ikke bare konsistens viktig, men også mye ro. Sterke emosjonelle følelser skal aldri vises, det skal ikke ropes, og fremfor alt skal det ikke brukes vold.

## Slik lærer en Bolonka kommandoen "Ned!":

Basert på kommandoen "Sitt" kan du nå øve på kommandoen "Sitt" med valpen under trening. For dette skal valpen sitte foran deg. Bruk en godbit igjen, denne gangen holdt mellom pekefingeren og langfingeren, og før håndflaten ned foran hundens nese. Hvis den lille kroppen beveger seg nedover, sier du kommandoen "Sitt" og gir ham umiddelbart belønningen. Igjen belønnes valpen rikelig.

- Når hunden har slått seg ned på plassen eller teppet sitt, kan du stryke den mens du sier "Sitt" om og om igjen. På denne måten forbinder han ordet "sitte" med en positiv opplevelse.
- Så snart du merker at valpen er sliten, lokker du den til kurven sin, for eksempel med en godbit. Hvis han legger seg ned i kurven, gjentar du ordet "Sitt".
- Når du har gjentatt denne øvelsen en stund, er neste trinn å prøve å sende valpen til teppet eller kurven bare ved å si ordet "sitt". Hvis dette skjer uten ytterligere problemer, skal du ha stor ros.

Figur 5Visuelt tegn "Sted

## Viktige punkter:

- Unge valper som ennå ikke har opplevd læring, internaliserer kommandoene "sitt" og "ned" veldig raskt.
- Basert på kommandoen "Sitt!" kan du øve på kommandoen "Ned!" når du trener med valpen.

## Kommandoen "Stay

Det er alltid omstendigheter i hverdagen når det er nødvendig for valpen og senere den voksne hunden å bli hjemme.

I denne treningen skal valpen sitte foran omsorgspersonen sin. Tydelig kroppsspråk er ofte tilstrekkelig for å vise den grunnleggende betydningen av kommandoen "Bli". Stå rett foran valpen og lene deg litt fremover og hold ut en flat hånd. Denne holdningen alene forteller ham å bli der han er. Nå tar du et lite skritt tilbake, blir stående i noen sekunder og går så fremover igjen. Valpen blir umiddelbart belønnet for å holde seg på plass. Hvis dette skrittet tilbake har fungert bra, kan du gradvis velge en større avstand og dermed øke tiden valpen blir sittende. På et eller annet tidspunkt vil tiden komme når du kan la den unge hunden være i fred.

## "Nei!" betyr også "nei". - Konsistens er viktig i valpetrening

Ordene "Nei - Av - Fie" må innpodes i selv den minste Bolonka Zwetna. Som regel uttales disse ordene allerede med en dyp, truende stemme. Og for små valper virker disse uttalte ordene ofte så truende at de vanligvis avbryter oppførselen deres. Hvis du understreker ordene med passende bevegelser, for eksempel ved å gå mot valpen eller heve pekefingeren, signaliserer du: din nåværende oppførsel er feil!

Når bolonkaen har stoppet oppførselen sin, er det viktig å engasjere seg med den unge hunden og rose den, selv om det bare er for en liten ting. Dette skal gjøre det klart for valpen at ordene "Nei, av, Fie" står for en endring fra en uønsket atferd til en ønsket atferd.

En ekstremt viktig kommando er "Av", og dette gjelder ikke bare når du spiller. Uansett hva den unge hunden har i munnen, må den gi den eller legge den ned umiddelbart på kommando. Dette gjelder selvfølgelig også for å gi eller legge ned matbiter som er funnet i naturen. Det kan redde en hunds liv. For at valpen skal lære denne kommandoen, leker du med valpen og en leke som du fremdeles lett kan gripe selv når den er i munnen din. Du strekker deg deretter over snuten med den ene hånden, noe som får ham til å slippe leketøyet. Og som med de andre kommandoene, sier du "Av" i det øyeblikket. Igjen belønnes valpen med en godbit eller et kort spill. Det er veldig viktig at valpen lærer at den får leketøyet sitt tilbake så snart den slipper det, og at det ikke blir tatt helt bort. Etter noen treningsøkter vil det ikke lenger være nødvendig å strekke seg over valpens snute, fordi den unge hunden frivillig vil gi slipp på gjenstanden den har i munnen når kommandoen blir gitt. Spesielt de første dagene er det viktig å sørge for at valpene ikke utsettes for for mye fysisk belastning for å unngå sene- og beinskader i voksen alder. Når den mørke og våte årstiden begynner, er det oftere vanskelig å trene den lille valpen tilstrekkelig.

Illustrasjon 6Visuelt signal "Av

Så er det tid for "hjernespillene": de er et godt alternativ til turer. Det finnes en rekke kule hjernespill som du kan spille sammen med valpen din.

Hjernespill er en flott avveksling fra den daglige turen for det unge dyret, fordi de hjelper til med å lære små triks og holde seg mentalt i form. Slike spill er veldig allsidige, og det fine er at du raskt kan lage dem selv med bare noen få ressurser. Med bare en liten innsats vil du ha mye moro.

Mat eller et leketøy er gjemt midt i leiligheten eller i hagen. Hunden må selvfølgelig ikke merke dette. Nå er det hans tur til å finne disse objektene, selv om den direkte veien er blokkert. Den unge hunden må nå tenke på en strategi for å finne den beste veien til leketøyet eller maten. Og det er akkurat det hjernetrim handler om: Valpen må bestemme seg for en bestemt tilnærming, og dette er også veldig utmattende for ham. Når spillet er over, må han først hvile.

### Fordeler med hjernespillene

- Trening uten for mye fysisk anstrengelse
- Beskyttelse mot fysiske senskader på bein eller sener gjennom skånsom håndtering.
- Alternativ løsning for å gå i svært dårlig vær
- valpen er mentalt utfordret
- generelt hund bare ha det gøy med det

## "Her!" Kommandoen for tilbakekalling av valpen

### Kommandoen "Kom eller her

Det er den viktigste kommandoen av alle for enhver hund. Kommandoen må umiddelbart kunne tilbakekalles fra enhver tenkelig situasjon. Spesielt i valpestadiet er det veldig enkelt å øve på denne kommandoen, da valpen fortsatt er veldig knyttet til omsorgspersonen sin og vil følge ham raskt. Som med all opplæring er timing viktig. Derfor bør du bare kalle den unge hunden din til deg når du er sikker på at den vil komme til deg og den ikke er opptatt med noe. Når det rette øyeblikket er kommet, rop hundens navn og oppmuntre den til å komme til deg. Dette kan være ved å lage en spesiell lyd, klappe i hendene, bruke et leketøy eller til og med ved å snu seg og gå bort.

Det er best å prøve ut hva valpen reagerer best på.

Så snart valpen "kommer i gang" og kommer til deg, bruk kommandoen

"Kom" eller "Her". Når han har ankommet med glede, blir han rost ekstraordinært og med en vennlig stemme. I begynnelsen bør denne kommandoen være forbundet med en veldig fin opplevelse, for eksempel en stor belønning, et kort spill eller en spesiell godbit. På denne måten vil du oppnå at valpen kommer til deg selv når den egentlig er interessert i noe annet.

Og det er også grunnen til at du aldri skal kjefte på ham når han kommer. Ikke engang om han ikke hørte de første ti gangene. Du bør begynne med denne kommandoen i et miljø der det er svært få stimuli for valpen. Etter en tid kan nivået og distraksjonen økes.

### Det er slik du lærer hunden å komme tilbake:

- Kall valpen til deg når det knapt er noen distraksjon. Hvis han da ser mot sin herre, gjenta kommandoen. Du bør huke deg ned slik at du er i øyehøyde med dyret. Når den unge hunden har kommet tilbake, må du rose den overstrømmende. Hvis du vil, kan du også gi godbiter. På denne måten lærer valpene å komme trygt tilbake.
- Hvis valpen nekter å komme tilbake eller løper bort, bør du ikke kjefte på den eller løpe etter den. På denne måten lærer han at han er raskere enn eieren sin og kan prøve dette igjen og igjen. En gammel oppskrift er ganske enkelt å snu og gå i den andre retningen. De fleste valper innser raskt at omsorgspersonen deres ikke lenger er der, og de løper etter dem. Når valpen endelig har kommet, må den roses, og du kan alltid si kommandoen høyt.
- Hvis det ikke fungerer å komme tilbake etter en stund, kan en slepeline hjelpe. Dette forhindrer valpene i å sette seg selv i en farlig situasjon og også fra å sette andre i fare. Med slepelinen fortsetter du på samme måte som med de to foregående øvelsene. Fordelen er imidlertid at du

har kontroll over hunden til enhver tid og kan bringe den tilbake hvis den ikke vil høre på kommandoen. Med et lett rykk i båndet signaliserer du valpen hva du vil at den skal gjøre. Men vær forsiktig: dra aldri hardt i båndet og den lille hunden for å få den tilbake. Det er da en fare for at han ikke kommer tilbake når han først er ute av sporet.

## Det er regler som absolutt bør overholdes

Av natur anses alle hunder som veldig ambisiøse. De ønsker å glede menneskene sine og gjøre en god jobb. Derfor er de generelt enkle å trene. Det er imidlertid viktig at visse regler fastsettes og overholdes:

- **Hierarkiet: Om** mulig bør en valp tidlig lære å akseptere menneskets lederrolle. Dette inkluderer å vise den unge hunden klare grenser mellom ham og eieren fra begynnelsen. For eksempel er det tilrådelig at hunden ikke er til stede ved familiemiddagen eller at den sover i sengen sin.

- **Bygge gjensidig tillit:** Hunder skal lære å stole på mennesker og at de ikke trenger å være redde for å bli tatt på. Dette er spesielt viktig for regelmessige besøk hos veterinæren. Hundeeiere bør derfor søke mye fysisk kontakt med kjæledyrene sine. Klapp dem og, i beste fall, øv på de typiske veterinærundersøkelsesprosedyrene, for eksempel å palpere ørene, se inn i munnen eller palpere magen. Disse eller lignende øvelser kan gjentas igjen og igjen.

- **tydelige beskjeder:** Det er kjent at hunder er i stand til å forstå individuelle kommandoer og tolke eierens stemme. De forstår imidlertid ikke menneskespråk i seg selv. På grunn av dette bør kommunikasjonen med en hund begrenses til å være redusert til visse nøkkelord. Videre er det fornuftig å tydeliggjøre de talte kommandoene med tegnspråk.

- **Valper bør ikke overutfordres:** For at valper bedre skal internalisere nyinnlærte kommandoer og atferd, er det viktig å ikke overbelaste dem. Spesielt veldig unge hunder har bare en veldig kort konsentrasjonsfase. Derfor er det viktig å begrense den daglige treningen til bare en eller to kommandoer.

- **Ros og straff:** Det har vist seg at ros og straff ofte er et nødvendig tiltak i utdanningen. De bør imidlertid bare gis i tilstrekkelig omfang. Dessuten oppfyller belønning og/eller straff bare sin hensikt dersom de gjennomføres umiddelbart som en reaksjon på en bestemt atferd. Hvis ros eller straff gis for sent, vil valpen ikke lenger forstå sammenhengen og vil ikke endre atferd.

## Det ikke-eksisterende båndet

Moder natur har gjort det ideelt for valpen å holde seg veldig nær moren til rundt den fjerde måneden. Han våger ennå ikke å bevege seg for langt bort fra henne. Men nå har den nye eieren påtatt seg rollen som "mor", og dette fiktive båndet forblir mellom eieren og valpen. Dette har fordelen at du derfor kan la valpen hoppe uten bekymring (ikke på en vei). Den vil ikke stikke av, men vil følge mennesket sitt overalt, alltid forutsatt at den fortsatt er liten. Hvis du utnytter dette og kaller ham til deg ofte under turen, bør han definitivt roses når han kommer. Men aldri bånd ham umiddelbart, men la ham løpe igjen og snart ringe ham igjen (alltid med en belønning når han kommer). På denne måten blir tilnærming en selvfølge hvis det praktiseres ofte nok. Jo eldre valpen eller unghunden blir, jo mer selvsikker og selvstendig blir den. Med tiden vil han bli mer og mer ivrig etter å utforske området.

Nå er det viktig å aldri slippe ham ut av syne, men heller ringe ham igjen.

Et "usynlig bånd" må utvikles mellom hundeeieren og den unge hunden, slik at hunden alltid er sikker på hvor du er, men ikke omvendt. I en alder av omtrent fire til fem måneder hender det noen ganger at de unge hundene plukker opp lukten av småvilt og løper bort. Her må eieren være spesielt oppmerksom: hvis den unge hunden allerede løper, er det vanskelig å påvirke dyret. Hvis du derimot merker hvordan det er i ferd med å ta av, kaller du det tilbake umiddelbart veldig skarpt og roser det når det kommer. Men hvis hunden allerede er oppe og borte, bør du stoppe på stedet der den løp bort. Nå må du vente. Hvis den unge hunden endelig kommer tilbake, må du ikke gjøre den feilen å slå den eller skjelle den ut. Det er bedre å binde ham uten å si et ord, ignorere ham og gå bort.

## Hundeskole eller egen utdannelse?

I utgangspunktet er enhver fornuftig person i stand til å trene sin egen hund. For de som har hund for første gang, finnes det støtte i form av guidebøker, hundetrenere eller til og med mange hundeklubber. Det sier seg selv at før du kjøper en hund, bør du gjøre deg kjent med de forskjellige fagene og bestemme deg for en rase på forhånd, samt bli kjent med dens særegenheter. Blant de største feilene man kan gjøre er: Inkonsekvens, overdreven strenghet, upassende straff og ros på feil sted.

Hvis du ikke stoler på deg selv til å trene din Bolonka valp alene og heller vil ha en ekspert ved din side, kan du ta din Bolonka valp til en hundeskole. De fleste hundeskoler tilbyr også spesielle valpekurs. Imidlertid bør man være forsiktig med å velge den første hundeskolen som kommer forbi; kvalitet er veldig viktig her. Hver hundeskole jobber forskjellig, tilbyr forskjellige kurs og arbeidsstilen passer ikke alltid for deg. Dessverre er ikke yrket "hundetrener" beskyttet, noe som betyr at hvem som helst kan registrere en bedrift og starte umiddelbart, selv om de kanskje ikke vet noe om hunder i det hele tatt. Det er viktig å se nøye på hundetrenerens curriculum vitae, spørre hvilken opplæring han eller hun har fullført og om han eller hun har deltatt i videreutdanning. Skoler som har gode referanser, vil ikke ha noe problem med å oppgi papirene sine. Forsiktighet anbefales bare hvis det ikke er noen henvisninger til opplæring eller videreutdanning.

I beste fall blir en hundeskole anbefalt til deg av venner eller bekjente. Men selv om bekjente bare snakker godt om skolen og er entusiastiske, betyr ikke dette nødvendigvis at det er den rette skolen for deg og din Bolonka Zwetna. Hvis førsteinntrykket er godt og hundetrenerne er hyggelige og virker kompetente, kan du avtale en prøvetime.

Anerkjente hundeskoler tilbyr ofte dette også. Deretter kan det fattes en beslutning. Hundeskolene har fordelen at en ekspert på hundetrening er ved din side, og du lærer å forstå din egen hund bedre. Trenerne lærer deg de viktigste kommandoene og viser deg hvordan hunden/valpen reagerer riktig. Spesielt nybegynnere som har hund for første gang får den nødvendige tilliten til å håndtere hunden sin i en skole. Teori og praksis er ganske forskjellige, for når du har jobbet deg gjennom all litteraturen og forstår meningen og formålet bak den, betyr ikke dette at alt vil fungere av seg selv i praksis. Hvert dyr har sitt eget (sta) sinn, lærer raskt eller noen ganger saktere. En utenforstående har ofte et bedre syn på ting som ikke fungerer slik du vil at de skal fungere. Hvis du føler deg komfortabel og er villig til å akseptere kritikk, er en hundeskole uansett en god berikelse. For hundeeiere som så langt har mislyktes i sine forsøk på å trene valpen sin, er en hundeskole også det såkalte "siste halmstrået".

Selv om hunden fortsatt er så liten og søt, må den fortsatt lære lydighet og følge kommandoene til sin herre. Fordi hundeeieren også må stole hundre prosent på at hunden hans reagerer umiddelbart på kommandoene i en nødsituasjon. Selv ufarlige møter med andre hunder kan ende i slåsskamp eller at hunden river seg løs fra båndet og stikker av.

Hundeskolen er også bra for sosialiseringen av valpen eller unghunden. Han må komme overens med og respektere de mange andre hundene uten "hvis og men".

Men noen hunder liker virkelig hundeskolen fordi de får leke med de andre dyrene en stund og også få venner. Siden "valpeskoler" har økt enormt de siste årene, fraråder noen eksperter å melde seg på dem. Årsaken til dette er at de små lærer saktere og muligens tilegner seg røffere lekeatferd, som de deretter også bruker hjemme. Men hundeskoler har også noen ulemper: Selvfølgelig må du betale for dem, og tidene du har lov til å komme med hunden din er foreskrevet.

Det kan også være vanskelig hvis det er andre hundeeiere i gruppen som du ikke nødvendigvis kommer overens med. Ikke desto mindre er det verdt å prøve å henvende seg til en skole hvis du trenger profesjonell hjelp og er åpen for saken.

## Bolonka Zwetna i pubertetsalderen

Som alle unge hunder går også Bolonka Zwetna inn i puberteten over tid. Ungdomstiden begynner vanligvis mellom den syvende og tolvte måneden. Det er også begynnelsen på en periode der den unge mannen vil vise sin overlegenhet. Nå og da vil hannhunden teste ut i hvilken grad han kan implementere sine egne regler og atferd. For eieren vil fasen med "ikke lyst til å gjøre noe" nå begynne, plutselige anfall ledsaget av mye aktivitet, gjentatte opprør og ingen respekt for autoritet. Unge hunder som går gjennom puberteten viser alltid atferd som minner om tenåringer. Den unge Bolonka, som alltid ønsker å glede omsorgspersonen sin til det ytterste og som ivrig har absorbert alt han har lært, har plutselig ikke lenger en eneste kommando i hodet. Men slike faser forsvinner også av seg selv.

Overgangen til "voksenlivet" begynner etter valpetiden. Ungdomstiden er lett gjenkjennelig når valper mister melketennene og de ekte tennene vokser inn. Pubertetens utviklingsfase går nesten sømløst over i voksen alder. Så de kan knapt skilles fra hverandre. Avhengig av rasen varer puberteten tilsvarende mer eller mindre lenge, og hunden vil bli kjønnsmoden i løpet av denne fasen.

Hos tisper gjenkjennes ungdomstiden ved at de har sin første løpetid. Hannhunder, derimot, vil nå begynne å løfte benet for å urinere. Et annet tegn på pubertet hos hannhunder er at de plutselig interesserer seg for andre hunders markeringer og at leken deres blir røffere. Avhengig av mulig stressnivå eller ernæringsstatus (for tykk/for tynn), kan puberteten være tilsvarende raskere eller forsinket. Naturen har ordnet det slik at dyret bare når seksuell modenhet når det er tilstrekkelige fysiske reserver og dyrene beveger seg i et trygt miljø.

Når pubertetsfasen er fullført, begynner utviklingen inn i voksenlivet, som vil fortsette i noen år til. Først etter at hele denne utviklingsprosessen er fullført, er Bolonka Zwetna fysisk og mentalt moden. I denne fasen av livet skjer den endelige utviklingen av de sekundære kjønnskarakteristikkene og atferdsendringen. I likhet med mennesker endres ikke bare det ytre utseendet og den synlige atferden, men også den indre strukturen "omformes". Dette betyr for eksempel at den unge hunden utvikler seg mentalt. Hormonet "GnRH", "Gonadotropin Releasing Hormone", gir startskuddet for puberteten. Dette hormonet utløser frigjøring av kjønnshormoner, som igjen fører til frigjøring av andre nevrotransmittere i hjernen. Hundens atferd i seg selv skifter mer og mer fra "barnslig" og emosjonell atferd til en voksen og fornuftig oppførsel.

## Hva utløser hundens pubertet?

I løpet av puberteten skjer det forskjellige endringsprosesser i organismen, som ikke bare har en effekt på kroppen, men også fører til mental modning. Slike endringer er oppført nedenfor, slik at eieren bedre kan forstå atferden til hunden sin:

**Endringer i nervecellene** som utløses av vekstspurtene: For at hjernen skal kunne fungere mer effektivt med økende alder, "gjenoppbygges" nerveforbindelsene så å si. Viktige forbindelser styrkes enda mer og mindre viktige reduseres. Alt dette foregår hovedsakelig i prefrontal cortex, den delen av hjernen som er ansvarlig for bevisste prosesser, tenkning og læring, og som gjør at den tilsvarende reaksjonen kan finne sted.

Derfor er det mulig at impulsive handlinger kan forekomme i puberteten. Andre områder, som mandelkjernen, vokser også i denne fasen.
Amygdala er det området i hjernen som er ansvarlig for følelser: frykt, aggresjon eller glede. Dette påvirker også hundens følelsesliv. Han kan bli litt mer uforutsigbar.

**Hormonsvingninger:** De to hormonene testosteron og dopamin forårsaker rastløshet hos hunden, ettersom reseptorcellenes følsomhet også er i en fase med endring. Dette kan bety for dyret at det blir mer utsatt for stress eller også er mer urolig enn før. Hunden reagerer overfølsomt på ytre stimuli.

Akkurat som han reagerer på omstendigheter han er kjent med. Dette er typiske humørsvingninger som også er kjent for tenåringer.

### Hvordan gjenkjenner du puberteten i Bolonka Zwetna?

Hvis en hund er i pubertetsfasen, gjenkjenner eieren dette hovedsakelig ved at hunden også blir mer humørsyk og reagerer deretter på omgivelsene. Den er til en viss grad uberegnelig. Hvor sterk ungdomsårene er, avhenger selvfølgelig alltid av hvert dyr selv, da hver hund har individuelle egenskaper. I utgangspunktet kan man imidlertid si at enhver form for ungdomstid tar sikte på å konsolidere voksne atferdsformer.

Du bør være spesielt oppmerksom på følgende punkter under hundens pubertet:

**Respekt:** Du må alltid hevde deg selv! Det er ikke noe galt i å være forståelsesfull overfor hunden, men du bør under ingen omstendigheter la dårlige vaner gli. Du må alltid forbli den selvsikre og uimponerte lederen av flokken, som hunden kan orientere seg godt til selv i sin vanskelige fase.

**Tålmodighet:** Noen Bolonkas kan knapt huske hva de har lært, de ser ut til å være trege i opptaket eller reagerer ikke i det hele tatt når de blir kalt. Selv om det noen ganger er vanskelig. Forståelse og mye tid vil hjelpe dem i denne perioden. Gleden ved å lære kan vekkes til live igjen, eller de kan lære nye triks - med mye oppmuntring og ros.

**Beskyttelse:** En hund i puberteten klarer ofte ikke å gjenkjenne farene og kjenner ingen risiko. Det er desto viktigere at du alltid holder et våkent øye med den unge hunden din og kan gripe inn hvis "tenåringen" setter seg selv i fare. I løpet av denne tiden bør du - om mulig - unngå å flytte eller lære helt nye ting. Det er et nytt sett med omstendigheter som Bolonka Zwetna må tilpasse seg, og dette kan overvelde ham.

## Spørsmålet som deler meningene: Å kastrere eller ikke kastrere?

I likhet med fôring eller trening finnes det ikke noe ferdig svar her. Alle hannhunder og tisper er forskjellige, og avgjørelsen bør ikke tas lettvint.

Uansett bør du vente med kastrering hos begge kjønn til hunden din er voksen, og ikke bare fysisk. Kastrering er et dyptgripende inngrep i hormonbalansen og medfører dyptgripende endringer, både fysisk og psykisk. Hunder som ikke er ferdig utvokst kan bli sittende fast i unghundfasen resten av livet, teste grenser, slåss og prøve ut ting.

Mange hunder blir skrubbsultne med kastrering, noe som betyr at du må beskytte deg mot det hjertevarmende utseendet og strengt rasjonere mat eller godbiter. Mer trening er nødvendig for at Bolonka Zwetna ikke skal bli feit og treg. Andre hunder, som tidligere var dypt avslappet når de samhandlet med andre hunder, blir plutselig enten aggressive eller helt underdanige. Begge variantene er ikke morsomme, fordi redde hunder ofte blir bitt av andre. Å måtte bestemme seg for om du helst vil ha "biter" eller "bitt" i båndet er noe ingen hundeeiere ønsker å måtte møte. En tur med en redd eller aggressiv hund er fortsatt ikke morsom, fordi hunden din tross alt skal ha kontakt med andre hunder og leke, løpe og boltre seg. I begge tilfeller kan intensiv individuell trening på din pålitelige hundeskole hjelpe, men før tiden kommer, bør du tenke to ganger om kastrering.

For hannhunder er det også kjemisk kastrering gjennom et hormonimplantat. Legemidlet brytes sakte ned og senker testosteronnivået. Varigheten er mellom seks måneder og ett år, avhengig av medisinen. Så hvis du ikke er sikker på om du vil ha hannhunden din kastrert eller ikke, kan du snakke med veterinæren din om dette hormonimplantatet. Du bør imidlertid ikke være uforsiktig med medisinen og for eksempel komme sammen noen ganger med og noen ganger uten hormonpreparatet gjennom hele hundens liv. Hvis du ser at hannhunden din med det reduserte testosteronnivået er en helt normal, lydig OG velbalansert hund, er det ingenting å si mot å fortsette å bruke den eller få en kirurgisk kastrering.

Av personlig erfaring kan jeg støtte den kjemiske kastreringstesten. Etter at han en gang rømte fra meg over en trafikkert vei for å jage en tispe, vurderte jeg seriøst kastrering, men valgte et hormonpreparat som en test. Hannhunden min var et slikt tilfelle, og gikk fra normal til engstelig i løpet av noen uker. Det var ikke lenger noen tegn til avslapping under hundemøter. Han kastet seg umiddelbart på ryggen, ble stadig bitt og ridd av andre hannhunder. For å gjøre vondt verre spiste han hver hundelort han kom over (det var utallige) og kastet dem opp igjen hjemme. Så jeg visste at permanent kastrering var uaktuelt. Min løsning var intensiv, lekende trening under veiledning av en hundetrener. Denne metoden styrket båndet mellom oss, han ble 95 prosent tilbakekallbar selv i nærvær av varme tisper, og han har blitt en normal, balansert hund igjen som ikke lenger er redd for artsfrender.

Det kastrering, enten det er hanner eller hunner, ikke kan gjøre, er forresten å rette opp grunnleggende opplærings- eller atferdsfeil. Ikke all aggresjon hos en hund er seksuelt motivert, og en endring i karakter eller lydighet er ikke ting som kan opereres på eller bort. Det som reduseres er hannhundens aggresjon mot ukastrerte rivaler og tispens aggresjon mot andre tisper i løpetid, men ikke noe mer.

Tips: Noen ganger ser det ut til at alle tispene i umiddelbar nærhet kommer i løpetid samtidig. Hvis hannhunden din fortsatt er for ung til å bli kastrert, kan et homøopatisk middel hjelpe ham til å slappe mer av. Agnus Castus Globuli (fra medisinplanten munkepepper) demper sexlysten. Det hjelper ikke alle hannhunder, men det kan hjelpe din. Det er best å diskutere den nøyaktige doseringen med en dyrepleier eller veterinær.

Det finnes medisinske årsaker som gjør kastrering nødvendig, f.eks. pussdannelse i livmoren hos tisper eller rastløshet og matvegring hos hunder. Når det gjelder sammenhengen mellom kastrering hos begge kjønn og forekomsten (eller ikke-forekomsten) av visse typer kreft, kan det ikke gis noen uttalelse her. For hver studie som sirkulerer på nettet eller som veterinæren siterer, finnes det en studie som viser det motsatte. Du skjønner, det finnes ingen enkel løsning, selv om man gjerne vil presentere en ufeilbarlig metode og gjøre beslutningen enkel for deg. Avgjørelsen for eller mot kastrering må hver hundeeier ta selv.

# Den voksne hunden

Bolonka Zwetna trenger mye oppmerksomhet og daglig aktivitet. I utgangspunktet er Bolonka reservert mot fremmede i begynnelsen og er ikke veldig interessert i dem. Han er desto mer fiksert på omsorgspersonen og familien sin. Han vedtar deres daglige rytme og er lojal mot dem, som kan returneres med hengivenhet og kjærlighet. For Bolonka er en til to timers trening daglig ganske tilstrekkelig, hvis turen er fylt med gjøremål og boltre seg rundt. De sosiale kontaktene med artsfrender er veldig viktige og kan vanligvis oppfylles under turen, men ellers kan du også gjøre spesifikke avtaler med andre hundeeiere for å leke.

Denne rasen passer for alle, og spesielt eldre som fortsatt føler seg i form kan glede seg over dens rolige og lojale karakter. Dette er også en grunn til at Bolonka Zwetna blant annet kan brukes godt til terapiformål (se kapittel Terapihund). Bolonkaene kan løpe lange avstander godt. I motsetning til andre hunderaser vil de imidlertid ikke kreve dette når som helst. Hvis omsorgspersonen trenger en pause, vil Bolonka også tilpasse seg og hvile. Selv om Bolonka Zwetna ikke akkurat er stor som en voksen hund, er den fortsatt tøff, har mye kraft og elsker å bevege seg rundt. Han vil imidlertid alltid tilpasse seg menneskets atferd og behov for mosjon. I en viss periode kan han trekke seg stille tilbake og observere omgivelsene slik at du ikke merker noe av ham. På den annen side liker han også å slippe ut damp og elsker å være en del av turer og turer. Bolonka Zwetnas er ikke bjeffere, men de kan også forsvare territoriet sitt massivt så snart de føler at familien må beskyttes.

Bolonkas har for vane å plutselig løpe av gårde og gjøre en kort sprint bare for å slippe ut damp. Han trenger minst en lang tur om dagen, og hvis det kan ordnes, er det selvfølgelig bedre med to turer om dagen.

Dyrets overveiende positive karakter og dets kjærlighet til barn gjør Bolonka til en perfekt familiehund. Det passer også godt for eldre som er enslige, fordi det, som allerede beskrevet, kan tilpasse seg godt. Bortsett fra alle de positive egenskapene, kan Bolonka Zwetna også få viljen sin, siden den vet nøyaktig hva den vil. Du vil ikke være i stand til å takle ham med høyt kjeft eller en spesiell hardhet, da han da reagerer med stahet.

Bolonka elsker barn. For dem er han den perfekte lekepartneren. Hans lekeinstinkt ser ikke ut til å ville ende selv i "voksen alder", og han vil være i konstant selskap med familien sin. Han elsker å leke i hagen i timevis med de små: med ballen, frisbeeskiven eller bare boltre seg. Selv om de har få krav til sine daglige turer, er det svært viktig at de utfordres mentalt og fysisk. Turer der de er fysisk utfordret er perfekt. Bolonka Zwetna er en veldig atletisk hund, og blir også ofte sett på som en sportshund. Bolonkaer trenger rett og slett mye kjærlighet og hengivenhet, noe de også får gjennom omfattende klapping når det trengs. Derfor er de også den ideelle partneren for personer som bor alene eller personer med nedsatt funksjonsevne.

Bolonka er mindre egnet for folk som må reise mye på grunn av jobb eller som har lite tid av andre grunner. Hvis Bolonka kjeder seg eller ikke får nok oppmerksomhet, kan han noen ganger gjøre noe dumt. Han kan tygge på sko eller lage en høy lyd. Men han gjør definitivt ikke dette fordi han er ondskapsfull. Som med de fleste hunder er Bolonka Zwetna nesten ustoppelig når det gjelder lange turer. Lange og omfattende turer forstås som løp på opptil fire kilometer for Bolonka. Imidlertid vil han ikke klare å løpe ved siden av sykkelen på lenge. Jo mer han er ute i selskap med andre hunder eller barn, jo mer vil han utmatte seg selv.

Han har ikke jaktinstinktet som jakthunder har, så det er ikke noe problem å binde ham i skogen - men bare hvis han virkelig lytter til eierens kommandoer og kommer tilbake. Stahet og opprørskhet er svært sjelden hos denne rasen. Med mindre hundene blir kjeftet på eller går gjennom en veldig streng oppdragelse. Da er det veldig mulig at hundene møter deg med stahet og ikke lenger er lydige. I slike situasjoner vil han vise de samme reaksjonene som alle sensitive hunder, som reagerer på en positiv bekreftelse snarere enn på strenghet og hardhet.

## Hvilket er bedre å kjøpe: en mannlig Bolonka Zwetna eller en kvinne?

Hvis du tenker på å skaffe deg en Bolonka Zwetna, må du bestemme på forhånd om det skal være en hann eller en hunn. Du bør imidlertid ikke la deg påvirke av velmente råd fra dem rundt deg. De forskjellige meningene om hannhunden eller tispen kan få deg til å føle deg veldig usikker.

Selv om Bolonka-tispa fra nabolaget er en ekte "kosete tante", betyr ikke dette at din egen tispe vil være som henne. Denne hunderasen har et rolig temperament og er generelt veldig søt. Det er nesten ingen forskjeller når det gjelder opplæring. Det beste du kan gjøre er å spørre din valgte Bolonka-oppdretter om råd om mulige forskjeller. Han vet hvordan valpene hans reagerer, og han kan bedømme dem godt. Han vil bidra til å velge nøyaktig den hunden som passer familien eller individet. Det trenger ikke alltid å være valpen som kommer løpende mot deg uten å nøle når du først møter den. Disse valpene vil sannsynligvis bli små våghalser og vil vite hvordan de skal hevde seg. Og så er det valpene som trekker seg tilbake og ser på hele skuespillet fra trygg avstand. Men hvem vet, kanskje det blir denne valpen av alle valper - hann eller hunn - som passer rett inn i familien og de andre kjæledyrene.

# Pleie av pelsen

## Hvor mye tid tar stell av Bolonka Zwetna?

Pleien av Bolonka vil ta litt tid. Hver annen til tredje dag bør du pusse Bolonkaen din og ikke bare overfladisk. Selvfølgelig er det optimalt å investere noen minutter i stell hver dag.

Dette har fordelen at regelmessig børsting forhindrer at håret blir matt, "arbeidsmengden" er mindre og tiden som kreves for pleie generelt reduseres. Det blir bare ille hvis du forsømmer pelspleien og den blir matt. Dette kan være veldig ubehagelig for den lille Bolonka fordi de sammenfiltrede områdene klør. Da er det bare å gå til hundefrisøren, som sannsynligvis vil forkorte pelsen ekstremt. I likhet med andre hunderaser med lang og tett underpels er pelsstellet langt mer intensivt enn for korthårede raser. Men ekte Bolonka Zwetna-fans blir ikke avskrekket av dette, snarere tvert imot: de elsker pleien og de medfølgende kosene.

## Hva må du være spesielt oppmerksom på når du steller din Bolonka Zwetna?

- Valpene bør allerede være vant til pleieprosessen med kaming og børsting. Dette bør bli et ritual.
- Bolonka Zwetna elsker å bli børstet på fanget. På denne måten kan du også sjekke ham for mindre skader. Etterpå er det tid for en kosestund.
- Grooming er bra for huden og stimulerer blodsirkulasjonen.
- Kaming og børsting fjerner smuss og støv fra pelsen. Dette forhindrer matting, noe som kan forårsake kløe.
- Overfladisk børsting er imidlertid ikke tilstrekkelig. Man bør gre gjennom alle hårlagene enkeltvis, ned til huden. Dette sikrer også

god luftsirkulasjon.

- Små filtknuter har en tendens til å danne seg tett bak ørene. Disse må først løsnes med fingrene.
- Det er viktig å alltid holde håret i bunnen når du børster, slik at det ikke trekker.
- Kjem først pelsen helt med en børste som har grove pigger.
- Hvis flokene ikke kan løsnes tilstrekkelig, kan du prøve å bruke en plukkebørste.
- Knuter skal bare skjæres ut eller skjæres opp hvis de allerede er for tett sammenfiltret.

## Hva er det grunnleggende utstyret for stell av Bolonka Zwetna?

**For pelspleie:**

Hver eier må selv finne ut hvilke redskaper som passer best for ham og hans Bolonka Zwetna. Avhengig av lengden på pelsen, er det forskjellige børster og kammer å kjøpe i hundebutikker. Nedenfor er det listet opp noen ting du absolutt bør ha:

- Grovtannet kam
- Børster med forskjellige hardhetsgrader
- Plukkebørste
- myk karrikam (kan også brukes til å gni hundesjampo)
- Saks (Effiliasaks og saks med avrundede spisser for poter/ører)
- Skjeggkam
- Avfiltringskam

**I motsatt fall:**

- Loppekam
- Klo-tang
- Cellehåndklær

- Tannpleieartikler (tannbørste eller fingerstall, tannkrem, tyggeartikler)
- mild hundesjampo, babysjampo er også mulig
- Flåttpincett / pinsett
- Vaselin eller melkefett

**Hvilke andre spesielle hjelpemidler finnes det for pelspleie?**
- Balsam for en skinnende og fløyelsaktig pels
- Øre skjerf
- spesielle pads for rensing av øynene
- Hundesko (for eksempel om vinteren eller i tilfelle skader)
- Avfiltreringsspray
- Glansspray

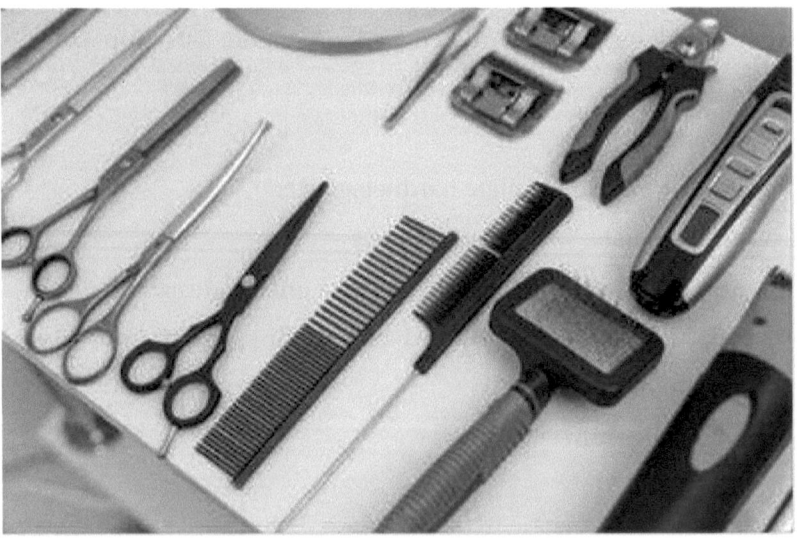

Figur 7: Profesjonelt utstyr for pleie og omsorg

## Må Bolonka Zwetna klippes om sommeren?

Definitivt ikke! Selv om mange Bolonka-eiere ønsker å gi hunden sin litt lettelse, spesielt fordi somrene blir varmere og varmere, oppnår klipping faktisk det motsatte: den naturlige termoeffekten går tapt. Det mange ikke vet: Den lange pelsen holder Bolonka Zwetna fin og varm om vinteren, og om sommeren blir han avkjølt av pelsen. Hvis pelsen er kortklippet, kan solstrålene lettere skinne på huden hans og kroppen hans varmes opp. Resultatet kan være solbrenthet eller heteslag. Imidlertid setter termoeffekten bare virkelig inn når pelsen også er godt preparert og ikke sammenfiltret.

Sammenfiltret pels hindrer luftsirkulasjonen i å nå huden og kjøle den ned. I tillegg kan bakterier raskt sette seg under en sammenfiltret pels og forårsake ytterligere skade på huden. Å klippe av eller klippe håret til Bolonka vil på ingen måte gi ham noen lettelse. Hvis du vil gjøre ting lettere for din elskede Bolonka om sommeren, gå helst en tur tidlig om morgenen eller sent på kvelden. Om dagen og i varmt solskinn er det helt tilstrekkelig hvis dyret har nok kaldt vann tilgjengelig og det kan trekke seg tilbake til et avkjølt hus eller leilighet. Et kaldt flislagt gulv kan i tillegg bidra til å kjøle ned hunden.

## Når skal Bolonka Zwetna bades?

Generelt bør hunder - uansett hvilken rase - bare bades veldig sjelden, da den naturlige beskyttende pelsen på huden blir angrepet, og du kan ikke legge krem på den som mennesker gjør. Hvis skitten er innenfor et normalt område, er det ofte tilstrekkelig å skylle de skitne områdene med litt varmt vann og deretter tørke dem godt. Hvis knutene eller flokene derimot er mer alvorlige, kan de behandles bedre ved sjamponering senere. Hvis det også brukes et balsam, blir pelsen til Bolonka Zwetna lettere å børste og silkeaktig igjen. Det kreves en viss erfaring for å stelle hundens pels på riktig måte. På grunn av den lange pelsen er pelsstellet spesielt intensivt og tidkrevende. Et regelmessig besøk hos "hundefrisøren" kan være en lettelse, hvis du ikke vil gjøre pleien selv og heller ikke har tid til å stelle den lange og frodige pelsen regelmessig. Situasjonen er annerledes hvis den lange pelsen skal beholdes i all sin prakt, for eksempel for å delta i konkurranser med hunden. Da er det selvfølgelig ingen vei utenom å stelle den lange pelsen. Og denne omsorgen er svært krevende.

Det er ikke nok å bare pusse Bolonka Zwetna regelmessig. Det er en vitenskap i seg selv å stelle pelsen. Selvfølgelig vil du forhindre at den lange pelsen knuter eller til og med matter, bare av denne grunn er det nødvendig med krevende pleie av pelsen.

## Pelspleie av Bolonka Zwetna - børsting må være regelmessig!

Bolonka har en lang topp pels og det er en daglig plikt å børste pelsen. Også av den grunn at Bolonka Zwetna ikke utvikler vinter- eller sommerpels. Det går ikke gjennom et pelsskifte. Du kan imidlertid venne valpene til å bli børstet i en veldig tidlig alder. I begynnelsen anbefales det å bruke et mykt kort eller børste for å venne valpen forsiktig til det. Ikke legg for mye press på den lille kroppen. I begynnelsen er det tilstrekkelig å gre valpens pels kort hver dag. Du bør imidlertid være forsiktig så du ikke børster for lenge og valpen mister interessen, i så fall er det bedre å stoppe og gradvis øke varigheten neste gang. Når børstingen er ferdig, roses den lille valpen godt.

Jo eldre Bolonka blir, jo mer intensivt vokser pelsen, og den enkle daglige børstingen er da vanligvis ikke lenger tilstrekkelig. Selv om pelsen kjemmes regelmessig, kan det fortsatt skje at det utvikler seg knuter i pelsen og at pelsen ser veldig kjedelig ut. Fra den fortsatt unge alderen på omtrent åtte måneder kan pelsen bli matt. I noen tilfeller har et ubalansert kosthold også skylden. Det kan imidlertid også skyldes dårlig tannpuss. For å gi den lange dekkpelsen og den underliggende pelsen et velstelt og vakkert utseende, er det ofte ikke nok å børste den tørre pelsen. Det er heller ikke nok å bare gre gjennom toppstrøk. Du bør ta deg bryet med å børste gjennom alt håret ned til huden, ellers vil underpelsen bli sammenfiltret og til slutt blir det bare klipping igjen. Den daglige tiden som kreves for denne prosedyren kan ta opptil en time, avhengig av hunden og pelsens tetthet.

I motsetning til andre hunderaser som er langhårede, blir pelsen til Bolonka i det store og hele betydelig lengre. Et annet spesielt trekk i motsetning til andre langhårede hunder er at Bolonkaens ansikt også har lang pels (skjegg og øyenbryn). Bena har også en helt lang pels, mens hos andre langhårede hunder har forsiden av bena en kort pels. En annen forskjell fra andre hunderaser er at Bolonka Zwetna ikke gjennomgår et pelsskifte. De utvikler ikke sommer- eller vinterpels.

Du kan få lindring og hjelp med daglig børsting ved å bruke konvensjonelle anti-filtsprayer eller sprayer som gjør det lettere å kamme. Det finnes mange forskjellige preparater på markedet, som du kan kjøpe i hundebutikker, hos veterinæren eller i nettbutikker. Disse sprayene er enkle å bruke ettersom de bare sprayes inn i pelsen. Et enkelt alternativ er å fylle en vanlig sprayflaske med vann. Bare sørg for å fukte topplakken før du børster den, ellers kan den gå i stykker. Hvis pelsen allerede er sammenfiltret eller har knuter, bør du absolutt bruke et kammehjelpemiddel, da det kan være veldig slepende med vann alene, og Bolonka vil absolutt ikke ønske dette velkommen. Det er fornuftig å spraye sterkt sammenfiltrede områder og knuter mer intensivt for å gjøre børsting litt lettere. Typen børste er også viktig, da den bør tilpasses dyrets pels. For eksempel finnes det børster med rette eller buede tinder, tinder som er tett sammen eller de som er lenger fra hverandre. Hvis du ikke er sikker på hvilken børste som er riktig, kan du få råd i dyrebutikker eller bare spørre oppdretteren igjen.

Det er veldig viktig å sørge for at pelsen alltid er kjemmet ned til huden, da pelsen raskt blir sammenfiltret ved hårfestet. For å gjøre dette kan du enkelt dele pelsen - enten for hånd eller med en kam - til du kan se huden. Nå bretter du pelsen oppover og kan begynne å børste pelsen fra røttene til endene. Hvis du holder håret i bunnen, er det mer behagelig for hunden fordi det ikke trekker så mye. Knuter kan løsnes ved å holde pelsen på plass og kamme over den igjen og igjen til de begynner å løsne. For knuter i pelsen er det også spesielle "plukkbørster" laget av tråd. Gjør dette med hver side av Bolonkas kropp.

## I visse situasjoner må bading rett og slett være

De fleste hunder liker elementet vann, og de elsker å leke i det. Men hvordan ser det ut når de blir dusjet av i badekaret for å bli sjamponert etterpå? Nesten ingen hunder liker det, og Bolonkaene hopper ikke akkurat av glede heller. Selv om det ikke alltid er nødvendig eller ønskelig at de bades ofte. Hvis Bolonka er veldig skitten, kan den selvfølgelig bades. Men før det bør du børste ut det verste smusset. Dessverre er det slik at allerede eksisterende matte områder kommer enda verre ut etter et bad.

Hvis du bruker en hundesjampo, bør du først prøve den på et lite område, for eksempel poten. Det finnes forskjellige sjampoer, med forskjellige dufter og tilsetningsstoffer. Det er et lovkrav at disse sjampoene skal være dermatologisk testet. Likevel kan det alltid skje at en hund er allergisk mot en type. Videre bør hundesjampoen også tilpasses pelsen til Bolonka, og dette kan gjenkjennes av det faktum at pelsen faller lett og silkeaktig umiddelbart etter den første vasken. Hvis dette ikke er tilfelle, bør du prøve et annet merke. Den samme prosedyren gjelder for hårbalsam. Mange eiere av Bolonkas bruker en balsam etterpå slik at de lettere kan børste gjennom pelsen.

**Det er to ting du bør være spesielt oppmerksom på:** Hvis du bruker sjampo og balsam, må du sørge for at begge skylles grundig ut av pelsen for å unngå sjamporester i pelsen. Disse restene kan føre til kløe og betennelse i huden, noe som vil resultere i et besøk hos veterinæren.

Et annet aspekt er å passe spesielt på at ingen dråpe sjampo eller balsam kommer inn i de svært følsomme øynene til Bolonka Zwetna. Spesielt øynene til Bolonkas kan bli irritert veldig raskt og enkelt. Av denne grunn bør du aldri holde dusjen i hundens ansikt for å vaske av sjamporester. Du kan bruke hånden til å vaske skummet forsiktig av ansiktet eller føre en vannstråle fra en flaske veldig forsiktig over området i ansiktet. På denne måten kan du også sørge for at det ikke kommer vann inn i øregangen, der det vanligvis kan forårsake enda mer skade enn i øynene.

I varme temperaturer kan Bolonka ganske enkelt kjøre seg tørr ute. I kaldere temperaturer kan du enten føne Bolonka veldig forsiktig eller gni den tørr. Etterpå er det lurt å gre gjennom pelsen med en børste eller kam for å forhindre knuter og sammenfiltring.

# Hvordan rengjør du øynene til en Bolonka?

Som de fleste små hunderaser er Bolonka Zwetna utsatt for økt riving. Men dette er ingen grunn til bekymring. Rennende øyne er ikke farlig, og det ligger ingen sykdom bak. Det er bare en kosmetisk tilstand.

Men det er også Bolonkas som ikke påvirkes av dette, og likevel kan det fra tid til annen samle seg litt tørket tårevæske i øyekroken. I dette tilfellet bruker du bare en klut eller et vev som ikke loer og rengjør øyet forsiktig fra innsiden til utsiden. Ikke glem å fukte kluten med lunkent vann først. Dette vil fjerne selv de mest gjenstridige restene. Det er bare viktig å bruke en ren, ny klut for hvert øye, ellers kan fine smusspartikler eller patogener lett overføres til det andre øyet. I de vanlige dyrebutikkene kan du finne spesielle rengjøringsputer for dette formålet, som bare er beregnet på øynene. De er også perfekte, ikke bare for å fjerne tårevæske, men også for å fjerne de vanligvis gjenstridige løpemerkene i pelsen. Løpemerkene er dessverre veldig synlige i de lysere pelsfargene. Spesiell oppmerksomhet bør rettes mot øyepleie av Bolonka Zwetna, da de er svært følsomme. Det er kjent at små hunderaser har en tendens til å ha økt tåreflod. Spesielt de lange ansikts-/ponyhårene kan komme inn i øynene eller stikke dem, slik at irritasjon i øynene eller betennelse kan oppstå. For å unngå dette bør håret over øynene trimmes litt tilbake. Hvis pelsen trimmes med jevne mellomrom, kan det hende at den kommer inn i øynene når den vokser tilbake og kan irritere øynene der, som nevnt ovenfor. Valper har ofte dette problemet fordi håret deres ennå ikke har nådd den "riktige" lengden for å henge langt ned på kroppen. For å forhindre dette er det en spesiell mulighet som har blitt kjent i eierkretser: Bruk litt melkefett eller en annen fettkrem for å gelere pelsen rundt øynene.

"Rennende øyne" er normalt hos Bolonka Zwetna (som hos mange små hunderaser). Dette er også grunnen til at spesialforretninger tilbyr en rekke produkter som kan brukes til å fjerne løpespor. Men hvis øynene renner permanent - selv hos voksne dyr - bør du kontakte veterinæren din. I lys pels er de misfargede løpemerkene lette å se, spesielt på innerkanten. I de vanlige spesialbutikkene for dyr har du imidlertid muligheten til å kjøpe tåreflekkfjernere spesielt laget for dette formålet og fjerne disse tåreflekkene med de milde midlene. Skorpene rundt øyet kan børstes ut veldig forsiktig med en spesialdesignet ansikts- eller øyekam. Etterpå kan de finere smusspartiklene vaskes av med en øyeserviett (pad). I noen tilfeller er det imidlertid tilstrekkelig å rengjøre øyeområdet bare med vann. Bomullsull, bomullspinner eller til og med veldig myke tannbørster kan brukes veldig bra til rengjøring.

## Ørepleie

Ørene er ikke fullt så følsomme som øynene, men de trenger også grundig og regelmessig pleie. Dette kan gjøres etter hver børsting. Det finnes også spesielle ørerensere som du kan kjøpe for rengjøring av ørene. Produktene dryppes forsiktig inn i øret. Etter en viss tid kan ørevoks og gjenstridig smuss lett fjernes. Du kan bruke bomullspinner til å rengjøre øret, men vær forsiktig så du ikke skader det indre øret. Det er best å rengjøre ørene parvis slik at en person kan holde Bolonkas hode og hunden ikke begynner å riste på hodet under rengjøringen. Ørene bør egentlig bare rengjøres hvis de er veldig skitne, ellers bør de være i fred. Hvis hundene har en sterk kløe i ørene eller hvis det er noe annet problem i ørene, vil du merke det veldig raskt. De rister stadig på hodet eller klør seg i ørene med potene for å lindre kløen. Hvis rengjøring ikke virkelig hjelper, må veterinæren konsulteres for å se nærmere på problemet. Det samme gjelder hvis det skilles ut et mørkt og illeluktende sekret fra ørene. Veterinæren kan se dypt inn i øret med et otoskop og har det nødvendige utstyret for å få ut markiser eller større, inntrengte deler. Dessverre har noen Bolonka Zwetna en tendens til å ha hår som vokser inn i ørene, da - som nevnt - hodet har ganske lang pels. De kan fjernes ved å trekke dem ut med fingrene eller med en spesiell hårplukkingstang. Under ingen omstendigheter skal håret i ørene klippes av. Det er da fare for at de avklipte hårene kommer inn i øregangen og forårsaker blokkering der.

## Tannpleie

De fleste hunder har problemer med tannråte og tannstein over tid. Dette kan også skje med Bolonka hvis tennene ikke rengjøres. For å motvirke dette er daglig tannpuss nødvendig. For å gjøre dette, bruk en vanlig barnetannbørste, da disse har spesielt fine og myke bust, eller bruk en hundetannbørste spesielt utviklet for hunder. Det finnes også fingersenger som allerede er klargjort med en anti-plakk-løsning. Du kan deretter kjøre fingeren over hundens tenner og fjerne plakk på denne måten. Den enkleste måten er å venne Bolonka-valpen til å pusse tennene så tidlig som mulig, slik at den lærer å åpne munnen. Dette kan også være svært nyttig for veterinærundersøkelser.

Hardnakket plakk som ikke fjernes kan også forårsake alvorlig betennelse i tannkjøttet, som da må behandles hos veterinæren.

Illustrasjon 8Tannpleie er også viktig for hunder

## Potepleie

Potene til favorittdyret ditt må også alltid tåle permanent stress. Akkurat som oss mennesker står de på dem og beveger seg med dem - bare uten sko. Av denne grunn trenger de også omhyggelig pleie: de må kontrolleres og rengjøres. I tillegg må håret på potene og mellom putene til Bolonkas forkortes med jevne mellomrom for å forhindre betennelse. I motsetning til andre hunderaser har Bolonka Zwetna veldig tett pels rundt hele beinet. Derfor bør du kort sjekke potene etter hver tur for å se om det er steiner, torner eller til og med splinter i putene. I så fall må splinter, smuss eller torner fjernes umiddelbart. Det er et annet problem for de sarte potene om vinteren: is og veisalt får ofte potene til å sprekke, noe som kan være svært smertefullt for dyrene. Men selv om sommeren, når det er veldig varmt og asfalten er oppvarmet, kan hunder brenne potene til en viss grad. For slike omstendigheter er det spesielle potebeskyttere som er laget av stoff. De settes på hundene praktisk talt som sko og festes. Spesielle kremer, tinkturer og salver, som er tilgjengelige i butikkene, gir også tilstrekkelig beskyttelse. Når pelsen til Bolonkas vokser inn i rommet mellom potetputene, har Bolonka et usikkert grep. For å minimere faren for å skli, må disse hårene kortes med jevne mellomrom.

Fra tid til annen er det også nødvendig å klippe hundens klør. Dette er imidlertid bare nødvendig hvis hunden ikke er i stand til å slite av klørne naturlig. Hvis du hører "klikk" når hunden din går på et glatt gulv (fliser), er det på tide å enten trimme klørne selv eller få dem trimmet av en profesjonell. Men det er viktig å få råd fra en profesjonell på forhånd og bli vist riktig teknikk før du våger å klippe klørne selv. Det er for lett å klippe en klo for kort og skade nerver eller blodkar. Bolonkas med en lys pelsfarge har fordelen at klørne også har en lys farge og blodårene er lett synlige.

## Bolonka Zwetna kosthold og helse

Maten til Bolonka Zwetna er veldig avgjørende for den lille hunden, da den bidrar til å avgjøre hvor sunn hunden er og om den forblir slik. Det er viktig å sørge for at alle de viktige næringsstoffene, mineralene og vitaminene er til stede i fôret, da de alle jobber sammen for å sikre en blank pels, god vekst og et sunt immunforsvar. I prinsippet er mat av høy kvalitet selvfølgelig bedre, selv om den er dyrere enn ukjente matvaremerker. På den annen side kan du være sikker på at maten ikke inneholder slakteriavfall eller kunstige smakstilsetninger.

En stor andel hunder får fordøyelsesproblemer når de får rester av menneskemat. Fettinnholdet er vanligvis altfor høyt, og den menneskelige maten er også godt krydret. Hver hund skal alltid bare få hundemat. Som et prinsipp, hold fingrene unna sjokolade, purre og løk, da giftstoffene de inneholder kan forårsake stor skade på hunden. Bein bør også bare gis svært sjelden, da de kan splintres og skade indre organer. Det er imidlertid et bredt utvalg av tyggebein og andre snacks tilgjengelig. Hundeeiere bør passe på at hundene deres ikke blir overvektige, noe som er et spesielt problem for små raser. Hvis de små Bolonkaene får for mange kalorier per måltid, som de ikke kan forbrenne tilstrekkelig, går de raskt opp i vekt. For mange kilo skader bein og ledd veldig dårlig, og for tidlig slitasje på disse er forhåndsprogrammert. Som et resultat vil artrose og leddgikt sette inn. Men siden Bolonka Zwetna er veldig smidig av natur, er det lettere for denne rasen å unngå overvekt. Man bør bare sørge for at snuten med det lange håret blir rengjort igjen etter hvert måltid.

For at bolonkaen skal ha et så langt og lykkelig liv som mulig, er et balansert og artstilpasset kosthold essensielt og svært viktig. Hvis du mater din Bolonka for ensidig eller ikke er veldig sunn, kan sykdommer utvikle seg veldig raskt, for eksempel vektproblemer (overvekt eller undervekt), mangelsymptomer, gastrointestinale problemer eller allergier. Ofte får for mange bolonkaer den samme maten dag ut og dag inn, uten variasjon i matskålen. Ikke bare forårsaker dette kjedsomhet for Bolonka, det påvirker også helsen hans.

De siste årene har imidlertid mye endret seg innen fôring, og mange eiere følger denne trenden: bort fra industriprodusert mat og mot å barke eller lage maten selv. Med denne typen fôring bestemmer eieren selv hva han vil mate hunden sin og hvilke ingredienser som skal inkluderes.

Denne måten å fôre på anses som veldig artsriktig og gir mye variasjon for kjæledyret ditt. Selvfølgelig finnes det også våte og tørre matvarer av høy kvalitet som kan kjøpes i butikkene og som inneholder alle nødvendige næringsstoffer.

## Hvilken mat er best?

I tillegg til tørrfôret som allerede er presentert, finnes det også andre typer fôring. Som med kastrering er det også her delte meninger. Det er best å sjekke hva valpen allerede har blitt matet hos oppdretteren.

I utgangspunktet skiller man mellom to typer fôring, nemlig ferdig tilberedt mat og tilførsel av ferskt kjøtt (BARF). Ferdigmaten er tilgjengelig som våt- og tørrfôr.

Begge variantene har fordeler og ulemper.

### Fordeler med tørr mat

Mengden som en gang er bestemt og funnet å være god, vil forbli konstant så lenge du opprettholder hundens rutine, for eksempel treningsintensitet.

- Det er ukomplisert: Kjøpe, mate, ferdig. Tilsetning av vitaminer og andre kosttilskudd er vanligvis ikke nødvendig.

- Transport og oppbevaring er veldig enkelt, selv på ferie.

- Du kan også gi matrasjonen på farten eller under sport, når hunden skal trene maten sin.

- Den har lang holdbarhet.

- Hunder med følsomme mager er beskyttet av de mindre, men næringsrike porsjonene.

### Ulemper tørr mat

- Sammensetningen av kjøtt og fyllstoffer som korn er forskjellig for hver sort.

- Sammensetningen kan ikke kontrolleres i seg selv.

- Det er vanskelig for deg å reagere på hundens individuelle helsetilstand, f.eks. hvis den har diaré.

- Mange varianter er ikke bare tilsatt korn, men inneholder også sukker, kunstige smakstilsetninger og smaksforsterkere.

- Væskebehovet er høyere, så hunder som drikker lite må oppmuntres til å gjøre det.

- Tørrfôr kan svelle i magen og derfor, under ugunstige omstendigheter, føre til gastritt, som alle store hunder har en større tendens til enn mindre.

### Fordeler med våtfôr

- Det smaker godt for nesten alle hunder.

- Våtfôr er nesten alltid det billigste alternativet.

- Det er lett å kjøpe og lett å oppbevare.

- Våt mat har en holdbarhet på en halv evighet.

- Fuktighetsinnholdet er høyt.

- Hunder med følsomme tenner kan tygge våtfôr godt.

- Det kan brukes som et komplett fôr, dvs. at du ikke trenger å tilsette noe annet som vitaminer, sporstoffer osv.

### Ulemper våt mat

- Sammensetningen kan ikke kontrolleres.

- Smaksforsterkere og kunstige smakstilsetninger finnes i økende grad i våtfôr.

- Kjøttinnholdet varierer avhengig av sorten.

- Mange hunder nekter å spise andre typer mat når de først er vant til én type.

- Hvis hunden din for eksempel er allergisk, kan sammensetningen av fôret ikke tilpasses individuelt.

### Fordeler BARF

- Maten er fersk.

- De fleste hunder liker ferskt kjøtt.

- Du har full kontroll over hva hunden din spiser og kan justere individuelt, for eksempel i tilfelle graviditet og mange sykdommer.

- Barfers bruker ikke fyllstoffer, konserveringsmidler eller kunstige smaker.

- Det er mye mer variasjon på fôringsplanen.

**Ulemper BARF**

- Barfing krever informasjon og kunnskap som du må tilegne deg. Å lese deg opp eller gå til den barf-butikken du ønsker er et must!

- Denne fôringsmetoden er tidkrevende ettersom du rasper eller koker ferske grønnsaker og hvert måltid settes sammen.

- Kostnaden er høyere enn gjennomsnittlig tørr- eller våtfôr, selv betydelig hvis du kjøper billig ferdigmat.

- Hvis de oppbevares feil, kan eventuelle bakterier spre seg.

Uansett hvilken metode du velger, sørg for at den har et høyt kjøttinnhold og se nøye på sammensetningen. Selv om du leser testrapporter, må du være oppmerksom på hva som er testet. Hvis det bare sjekkes om sammensetningen som er oppgitt på emballasjen samsvarer med sannheten, sier karakteren "veldig bra" fortsatt ingenting om kvaliteten på hundefôret.

## Hva er tegnene på at en Bolonka Zwetna er godt matet?

På grunn av den fantastiske pelsen er det ikke alltid mulig å si direkte om en Bolonka er altfor godt matet eller heller for tynn. Vekten, avhengig av størrelsen, bør være mellom to og fem kilo. Hvis en Bolonka med en høyde på omtrent 26 cm veier godt fem kilo, kan du allerede utlede at han er godt matet. Ved hjelp av vekten kan du enkelt se om en Bolonka er godt matet.

Det er imidlertid flere ledetråder om hvorvidt Bolonka Zwetna er godt næret:

(1) Pelsen er myk og skinnende.

(2) Det er svært få hud- eller pelsproblemer.

(3) Du kan føle midjen.

(4) Du kan føle ribbeina med et lett trykk.

(5) Størrelse og vekt passer sammen.

(6) Bolonkaen er smidig, nysgjerrig og viser utholdenhet.

(7) Bolonkaen liker å spise maten sin.

Men det er også fortsatt tegn på at kostholdet ikke er bra:

(1) Bolonka Zwetna har delvis hårtap.

(2) Pelsen hans er ikke skinnende og kjedelig.

(3) Allergier forekommer.

(4) Hunden har problemer med muskel- og skjelettsystemet.

(5) Overvekt eller undervekt utvikler seg.

(6) Hunden har kløe.

(7) Bolonka har problemer med fordøyelsen.

(8) Tannstein utvikler seg og tennene er dårlige.

En hundeeier er ikke alltid umiddelbart klar over at dårlig fôr eller et helt feil kosthold kan være årsaken til problemene. En årsak til dette kan være at skadene forårsaket av mat av lav kvalitet først viser seg mye senere - noen ganger til og med etter flere år. Allergier forårsaket av industrielt produsert mat, som inneholder nesten 100 prosent tilsetningsstoffer som bare er sparsomt merket eller ikke merket i det hele tatt, har blitt utbredt.

## Hvor mye spiser en Bolonka Zwetna egentlig?

Fordelen med en Bolonka-eier fremfor andre hundeeiere er at han absolutt ikke vil bruke så mye penger når han må kjøpe mat til sin Bolonka. Bolonka Zwetna trenger ikke store mengder per måltid. Hvor mye han til syvende og sist trenger, avhenger av ulike faktorer:

> ➢ Type fôring
> ➢ Alder
> ➢ Aktivitetsnivå
> ➢ Helsestatus
> ➢ Nåværende vekt
> ➢ Er han kastrert?
> ➢ Ekstra snacks han får under trening.

Hver hund har forskjellige matbehov avhengig av livsfase. Små valper, som må vokse, spiser ganske lite og veldig små porsjoner, men oftere per dag. En voksen hund vil bare spise en eller to ganger om dagen, men porsjonen er større. Gamle hunder må vurderes separat, ettersom antall kalorier per måltid må reduseres. De beveger seg ikke så mye og har derfor en tendens til å være overvektige. Et annet hensyn er husdyrholdet, som må tas i betraktning når man bestemmer hvor mye en Bolonka kan eller må spise.

Hvis menneskene hans er veldig mye på farten og aktive, er det ingen tvil om at den lille Bolonka også trenger like mye energi enn en Bolonka som bor med en senior og har en tendens til å holde seg hjemme i hagen. Bolonka Zwetna trenger også økt energitilførsel hvis den regelmessig er aktiv i hundesport og deltar i konkurranser.

Imidlertid trenger avlstisper også et økt energiinntak under drektigheten og etterpå når valpene dier. Alle bolonkaer som ikke faller inn i de ovennevnte kategoriene, bør få en tilpasset og ikke så overdreven matrasjon.

Til slutt er det også avgjørende om det gis tørr- eller våtfôr. Tørrfôr er rikere og inneholder mer fiber enn våtfôr. Derfor er mindre porsjoner tørrfôr, fordelt over dagen, helt tilstrekkelig. Våtfôr kan imidlertid spises raskere og porsjonene er større. I tillegg må hundens generelle helse også tas i betraktning. Hvis en Bolonka er syk eller kommer fra et tilfluktssted, gis det vanligvis spesialmat, for eksempel en spesiell diett.

Hvis du har bestemt deg for å kjøpe ferdigmat, er det viktig at du følger produsentens fôringsanbefalinger. Nesten alle produsenter tilbyr nå til og med ekstra fôr for små hunderaser. En god veiledning er matinformasjonen på emballasjen. Der kan du først holde deg til anbefalingene i det nedre området og "jobbe deg opp" om nødvendig, hvis Bolonka er for tynn. Derfor er det svært viktig å sjekke vekten regelmessig. Dette gjelder også for oppkast, da på den ene siden ikke alle måltider alltid har den samme næringssammensetningen, og på den andre siden kan menyen variere sterkt. Siden markedet og etterspørselen etter barf-produkter har blitt veldig stort, tilbyr noen nettbutikker også spesialtilpasset mat. Også her er det viktig å holde øye med Bolonkaens vekt. I utgangspunktet gjør Bolonka det bra med alle typer mat så lenge den er sunn og balansert. Det er gode hybrider av våt og tørr mat samt barfing. På denne måten har hundeeieren alltid muligheten til å diversifisere maten, og Bolonka Zwetna får tilført alle viktige næringsstoffer og vitaminer.

## Typiske sykdommer og hvordan du håndterer dem

Selv om små raser vanligvis har en lengre forventet levealder enn større hunder, er de også mye mer utsatt for sykdommer som er typiske for rasen.

Dette inkluderer de fryktede hofte- og knesykdommene. Karakteristiske sykdommer som bare tilskrives Bolonka Zwetna finnes ikke. Generelle sykdommer, som infeksjonssykdommer, betennelser av alle slag samt kutt eller skader generelt er selvfølgelig mulig. For å utelukke arvelige sykdommer er det tilrådelig å kjøpe valpen bare fra anerkjente og anerkjente oppdrettere. Disse er forpliktet til å bevise at foreldrene og valpene er friske. Valper som tilbys billig og vanligvis ikke har papirer, er ofte allerede syke, og et besøk hos veterinæren blir en vanlig forekomst. Det er mye mer verdt å investere i et sunt dyr fra begynnelsen og i det minste forhindre genetiske sykdommer i Bolonka. Typiske sykdommer som Bolonkas ikke kan skånes for er patellaluksasjon og hofteleddsdysplasi. Ved patellaluksasjon spretter kneskålen til dyret ofte ut. Ved hofteleddsdysplasi sitter ikke lårbenshodet riktig i hofteskålen, og det oppstår smertefull friksjon. Begge sykdomsbildene er beskrevet nedenfor.

## Patellaluksasjon

Sykdommer som er arvelige er svært sjeldne i Bolonkas. En av dem er patellaluksasjon: Kneskålen kan forskyve seg eller gå ut av ledd. Avhengig av alvorlighetsgraden kan patellaluksasjon forårsake betydelige smerter. Det er hovedsakelig de små hunderasene som rammes av denne tilstanden. Det er vanligvis forårsaket av overbelastning av sener og leddbånd, men kan også skyldes dårlig kosthold. Derfor er det veldig viktig å spise et balansert kosthold og ikke legge for mye fysisk belastning på valpen eller unghunden. Hvis en Bolonka Zwetna lider av en patellaluksasjon, vil eieren gjenkjenne det ved at hunden ikke vil legge vekt på det berørte benet. Spesielt når Bolonka går raskere, vil du legge merke til dette da den har en tendens til å sprette på en morsom måte. Han vil ikke legge noen vekt på det berørte benet, og det vil bare forekomme svært sjelden. Veterinærer behandler en patellaluksasjon, hvis alvorlighetsgraden ennå ikke er for høy, med medisiner. Men jo høyere grad, jo mer sannsynlig vil en veterinær anbefale kirurgi. Seriøse oppdrettere er svært opptatt av å avle bare med friske dyr hvis funnene med hensyn til patellaluksasjon er null hos begge foreldrene. På denne måten er sjansen for at avkommet vil vokse opp uten luksasjon ganske god. Klubboppdrettere får bare avlstillatelse hvis de kan presentere et negativt resultat.

## Hofteleddsdysplasi

Hofteleddsdysplasi er en forstyrrelse i utviklingen av skjelettet som ofte forekommer selv hos små hunderaser. I hvilken grad hofteleddsdysplasi utvikler seg hos en hund er imidlertid ikke alltid arvelig. Hvis en genetisk predisposisjon for sykdommen kan utelukkes, er det andre faktorer som kan være årsak: Dårlig ernæring eller feilaktig dyrehold.

Hunder som lider av hofteleddsdysplasi har det problemet at hofteleddet er for grunt til å holde lårbenshodet ordentlig i hofteskålen. På grunn av dette har hofteleddet en stor mengde spill og det blir ustabilt over tid. Det fører til feil belastning, som igjen er ansvarlig for at leddbrusken degenererer. Kapsulitt eller beinavleiringer kan være resultatet og i tillegg forårsake alvorlig artrose. Hvis sykdomsstadiet allerede er langt fremskredet, degenererer muskulaturen mer og mer, og det er massive svekkelser i dagliglivet. For å avgjøre om en hund har HD, kan veterinæren røntgenfotografere hunden. For dette formålet bedøves dyret og bena strekkes i tilsvarende posisjoner.

## Konjunktivitt

Spesielt hos små raser med lang pels kan forskjellige sykdommer fortsatt forekomme i øynene. Konjunktivitt er ofte forårsaket av den lange pelsen som irriterer øynene igjen og igjen. Siden Bolonka Zwetna også har veldig langt hår i ansiktet, er denne sykdommen veldig vanlig. Men fremmedlegemer eller for hyppig eksponering for trekk kan også påvirke øynene. Andre øyesykdommer kan være: katarakt eller glaukom, retinal dysplasi eller progressiv retinal atrofi (PRA).

Progressiv retinal atrofi er en øyesykdom som utvikler seg svært langsomt og alltid fører til total blindhet hos dyret i sluttfasen. I løpet av sykdommen dør fotoreseptorene i netthinnen. Nattblindhet setter inn, og Bolonka har problemer med å tilpasse seg de visuelle forholdene i skumring og daggry. Etter hvert som sykdommen utvikler seg, øker symptomene også i løpet av dagen, og Bolonka blir ustø innenfor sine egne fire vegger og i kjent terreng. Videre blir linsen uklar (grå stær). I noen tilfeller oppdages progressiv netthinneatrofi for sent.

Så langt finnes det ingen medisiner i veterinærmedisinen for å kurere sykdommen, bare behandlingsmetoder som det fortsatt må forskes mer på. Imidlertid kan man utsette sin Bolonka Zwetna for en genetisk test, som kan avgjøre om progressiv netthinneatrofi er til stede.

## Den eldre i alderdommen

Bolonkaer som har blitt tatt godt vare på og er ved god helse, kan leve opptil 15 år. Selvfølgelig er det unntak, og det er noen få Bolonkas som lever til en enda eldre alder. Hunder i den alderen har endret atferd. Du må tilpasse deg dette. Fysisk og noen ganger også mental aldring er en prosess som kommer gradvis. Som hundeeier vokser du inn i denne prosessen. Du legger merke til når Bolonka Zwetna ikke lenger vil gå turer og foretrekker å ligge i kurven sin lenger. Selvsagt finnes det også tegn på aldring - noen ganger mer, andre ganger mindre tydelige. Men alderdom er like mye en livsfase som yngre år. Det er en del av livet.

## Eksterne indikatorer på alder, som omfatter...

- Hundens snute blir hvit og pelsfargen kan endre seg. Ikke fullt så synlig i lyse farger.
- Pelsen er ikke lenger like myk og blank, og de tidligere lange hårene vokser ikke like raskt ut igjen.
- Øynene blir uklare, Bolonka Zwetna ser ikke lenger så godt og hørselen forverres også.
- Hundens kropp ser generelt slappere ut.

## Grunnleggende regler for håndtering av den gamle hunden

Så hvordan håndterer du den gamle hunden riktig? Selvfølgelig vokser du også inn i denne rollen over tid og anerkjenner hva den eldre ønsker. Ikke desto mindre er det noen hensyn som eiere bør huske på. Dyret er ikke lenger så ungt at du fortsatt må lære det noe. Akkurat som aldrende mennesker har aldrende dyr rett til å eldes med respekt og verdighet. De fleste hunder, til tross for sin alder, ønsker fortsatt å høre til og "lære" noe for å glede menneskene sine selv i alderdommen. Dette kan fortsatt gjøres i et sakte tempo, men den eldre bør ikke overbelastes. Selv gamle hunder har sin stahet med økende alder, men dette bør skilles fra aldersrelaterte tegn på svikt, hvis du gjenkjenner dem. Hvis du for eksempel roper på hunden din og den ikke reagerer, betyr ikke det nødvendigvis at den er ulydig. Det er mer sannsynlig at hørselstap ligger bak. Barn må også lære å håndtere en aldrende hund.

For dette er det også nyttig og nødvendig å forklare dem hva de bør ta hensyn til. Dette vil også være en givende opplevelse for barna.

## Den geriatriske profilen for Bolonka Zwetna

Et stort antall veterinærer tilbyr i dag den såkalte "geriatriske profilen", noe som ikke var mulig for noen tiår siden. Dette er en spesiell blodtelling der blodverdiene gjenspeiler organenes tilstand.

Veterinærer anbefaler til og med klientene sine å få utført dette blodarbeidet regelmessig fra de er seks år gamle. Denne geriatriske profilen gir indikasjoner på at det foregår aldersrelaterte prosesser i hundens organisme. Påvirkningsfaktorene for nyrer og lever er tydelig synlige, ettersom disse organene er spesielt utsatt for økende stress hos eldre hunder. En slik geriatrisk profil er viktig for veterinæren fordi han kan få et nøyaktig bilde av mulige sykdommer. Han har også alltid en sammenligning med tidligere blodprøver for å se hvilke verdier som har forverret seg eller hvilke som har holdt seg stabile. Bolonkaer som er over seks år gamle bør tas med til veterinæren minst to ganger i året for en rutinekontroll. Med disse undersøkelsene kan aldersrelaterte sykdommer oppdages i tide og motvirkes. Slike sykdommer er for eksempel diabetes mellitus, blæresvakhet eller artrose. Veterinæren kan ikke stoppe aldringsprosessen, men noen ganger kan smertestillende medisiner gis.

## Fitness for hodet

Å gjenta alle spillene og tingene som er lært, oppmuntrer ikke bare det gamle dyret, men gir ham også glede. På regnfulle og stormfulle dager kan du oppmuntre senioren din til å lete etter skjulte godbiter i huset, og i godt vær, selvfølgelig, så ute i hagen eller på tur. Det er en artstilpasset aktivitet der han fortsatt kan gjøre god bruk av luktesansen.

### Hvordan kan en eier støtte sin gamle Bolonka Zwetna?

Veterinærstudier har vist at aldrende hunder mister luktesansen og smakssansen, eller rettere sagt at disse to sansene svekkes merkbart. Dette betyr for en hundeeier at han bør være veldig oppmerksom på at hunden ikke spiser for mye. Hvis smakssansen knapt er til stede, vil hunder spise hva som helst og er ikke lenger så kresne. Hvis overvekten setter inn, har dette naturligvis også den konsekvensen at sykdommer som diabetes mellitus, nyre- og leversykdommer samt hjerte- og sirkulasjonssykdommer kan sette inn. I tillegg vil vekten legge mye stress på beina. Bolonkaen vil da ikke lenger være så smidig og vil foretrekke å sove i kurven sin. Hvis du vil støtte din Bolonka, bør du bytte til spesialprodusert seniormat. Slik mat har ikke så mange kalorier, og den endrede metabolismen vil kunne absorbere den godt.

Hundefôr for eldre er mye mer beriket med vitaminer og antioksidanter. Hvis du ikke vil bytte til seniormat, kan du også gi gode ernæringstilskudd og tilsette oljer av høy kvalitet i maten (rapsolje, linolje eller valnøttolje). De bidrar til å holde pelsen i god stand og forhindrer at huden tørker ut.

## Bolonka Zwetna som en terapi- og sportshund

Bolonka Zwetna er en utholdende hund. Han har ingen problemer med lange avstander på opptil 20 kilometer. For å opprettholde og om nødvendig øke kondisjonen kan man også gå turer i kupert terreng. Det er også bra for kondisjonen hans hvis han hopper over mindre grøfter, går på myk skogbunn eller balanserer over trestammer. Dette holder også muskler og sener smidige. Hvis du utfordrer Bolonka med søkespill under turen, er det et rent eventyr for ham.

For sporty hundeeiere som leter etter variasjon med sin unge Bolonka Zwetna, er "Mantrailing" ideelt egnet. Den unge Bolonka kan lett dekke lange avstander, og det er mye entusiasme i ham for å mestre en oppgave.

Mantrailing handler om å følge et bestemt spor som kan gå gjennom alle tenkelige områder. På slutten blir en person som har gjemt seg funnet, og Bolonka blir belønnet med et lite spill eller en godbit. Sporing innebærer fysisk anstrengelse ikke bare for den lille Bolonka, men for alle hunder, da den konstante sniffingen bruker mye energi. Bolonka Zwetna kan også gjøre det bra i den utbredte hundesporten agility. Takket være sin gode oppfatning og intelligens er Bolonka en flott sportshund. Valpene er imidlertid fortsatt for unge for denne sporten. Idrett ville bare skade fysikken i vekstfasen. Først når grunnopplæringen er fullført, vil mennesket og Bolonka fungere godt sammen som et "team på to". Moroa og gleden ved å spille skal være i forgrunnen. Hundeeieren fører hunden sin - uten bånd og halsbånd - gjennom banen, og hunden overvinner passende hindringer.

## Hundedans

Dogdancing kommer opprinnelig fra Amerika. Det er en hundesport som krever mye konsentrasjon og kreativitet fra både mennesker og hunder. De fleste bolonkaer "danser" allerede til sin egen rytme når de hører musikken, og de har det veldig gøy når de gjør det. Takket være sin høye intelligens kan Bolonka Zwetna læres noen flere "dansetrinn", som den gjentar igjen og igjen villig. Ettersom Bolonka Zwetna lærer raskt og liker det han gjør, er det ikke veldig vanskelig å utvide de forskjellige dansene med andre figurer eller triks. Dogdancing er avledet fra hundesporten lydighet. Det er svært viktig at hunden følger instruksjonene nøyaktig.

Dogdancing inkluderer derfor også individuelle komponenter av lydighet. For eksempel "å gå på hælen" og endre stilling på avstand. Mindre triks som hundene lærer raskt er også inkludert: å gå sidelengs, baklengs, løpe gjennom menneskets ben eller gjøre dukken.

I konkurranser er det trendy for et kort showinnslag å inkludere dansekomponenter, i likhet med dressurridning eller menneskelige danser. En menneskelig deltaker bør derfor også kunne bevege seg rimelig jevnt. Når du har bestemt deg for å konkurrere med din Bolonka Zwetna, kan du velge om du foretrekker "Fun Class" eller de mer offisielle klassene. I "Fun Classes" er det ingen bedømming, så det er ingen dommere til stede. Denne klassen er rettet mot hobbydansere som ønsker å presentere forestillingen sin for et publikum. Hvis du starter i de offisielle klassene, vurderer en jury de individuelle prestasjonene og gir poeng for teknikk og kunstnerisk presentasjon. Lagarbeid og vanskelighetsgrad tas også i betraktning. I internasjonale konkurranser er det ikke tillatt å bruke hjelpemidler som godbiter eller klikkere som støtte.

## Smidighet

For den aktive Bolonka Zwetna er agility en sport som passer ham best, siden den kombinerer alle elementene som gir ham glede. Et kurs må overvinnes på kort tid, hvis mulig, uten å gjøre noen større feil. I agility er samarbeid mellom eier og hund veldig viktig. Bare hvis begge har tillit til og stoler på hverandre, vil de lykkes med smidighet. En viss atletisme må heller ikke mangle hos mennesker, ettersom de må lede hunden sin gjennom hindringene raskt, trygt og uten feil utelukkende ved hjelp av kroppsspråk og akustiske signaler. Hele agilitybanen er selvfølgelig tilpasset dyrenes kroppsstørrelse.

Illustrasjon 9: Sport er gøy for hundene

Flertallet av Bolonka Zwetna elsker agilitysporten, og de er spesielt lidenskapelig opptatt av den. De er nesten i ferd med å dø for å kunne vise publikum alt de har lært og kan gjøre sammen med mennesket sitt. Og det er nettopp det smidighet handler om. Hvis en hund ikke har noe ønske i det hele tatt eller bare er halvhjertet, vil du neppe lykkes som et "drømmeteam". Men hver Bolonka er forskjellig, så du bør også spørre deg selv om det virkelig er den rette sporten for din Bolonka.

## Er den lille Bolonka Zwetna talentfull som terapihund?

Mange faller for sjarmen til denne lille Bolonka. Han har et søtt ansikt og en glad og ekstremt søt natur. Bolonka Zwetna er en av de absolutte favorittene når det gjelder terapihunder, og han har de beste forutsetningene for dette. Han er aktiv, men kan også være tålmodig. Han er nysgjerrig og veldig opptatt av mennesker. For arbeidet som terapihund er det viktig at hunden er sosial og også fordomsfri. Bolonka har begge disse egenskapene. Med sin balanserte natur har den alle kvalifikasjonene som dette "hundeyrket" trenger. I tillegg er Bolonka Zwetna - som allerede nevnt flere ganger - ekstremt intelligent og villig til å lære, noe som gjør treningen som terapihund mye lettere for en hundefører. For til slutt må hund og menneske være et godt innøvd team, der Bolonka må stole fullstendig på og adlyde sin fører.

Hans søte utseende, følsomhet og liten størrelse er veldig nyttig i hans arbeid med en pasient. Personer med nedsatt funksjonsevne, barn eller eldre mennesker har vanligvis ingen frykt for kontakt med den lille hunden. Dette gjør innledende kontakt og videre håndtering mye enklere. En godt trent terapihund oppfører seg rolig og er rolig når den blir berørt eller plukket opp. Pasienter liker alltid å stryke Bolonka Zwetna gjennom den myke og fløyelsaktige pelsen mens den sitter på pasientens fang eller ligger ved siden av ham på sofaen eller sengen.

## Hva annet er Bolonka Zwetna egnet for?

De små Bolonka Zwetnas er overraskende mangefasetterte. På grunn av størrelsen deres tror du kanskje ikke at disse små hundene er i stand til mye, men de er med på nesten alle aktiviteter og idretter. Det han også liker veldig godt er den såkalte "trick dogging". Her lærer Bolonka små triks, og øvelsene kan utvides når det gjelder vanskelighetsgrad. Variasjonene av trick dogging er veldig varierte og spenner fra enkle stillinger til å rulle på gulvet til hopp og visse bevegelser. Det gode er at trick dogging kan praktiseres uten store anstrengelser og til og med i dårlig vær. Uansett hvor gammel Bolonka er eller hva dens helsetilstand er - selvfølgelig ikke hvis den er skadet - kan øvelsene velges og kombineres avhengig av tilstanden. Bolonka Zwetna kan også tas ut for jogging eller sykling så lenge tilstanden er god.

Hvis sykkelturene er lengre, er det imidlertid fornuftig å legge den lille Bolonka i sykkelkurven innimellom slik at han kan få pusten. Det eneste som er viktig for ham er at han alltid får lov til å være på veien med menneskene sine.

## Oppdrettere

### Hva gjør en god Bolonka Twetna-oppdretter?

Hver oppdretter er naturlig full av stolthet når han får lov til å vise kjøperen eller hundene sine. Han vil villig vise valpekassen og foreldrene hvis hannhunden også bor i samme hus og tilhører oppdretteren. En anerkjent oppdretter vil tillate deg å besøke den valgte valpen i mellomtiden, slik at begge parter kan bli kjent med hverandre.

Figur 10Bolonka Zwetna med valper

Etter at valpen har flyttet til et nytt hjem, bør oppdretteren også la folk fortsatt ha kontakt med den hvis det oppstår spørsmål. På samme måte bør han også stille kjøperen spørsmål om holdning og tidligere kunnskap. Det vil være viktig for oppdretteren å vite hvor de små Bolonka-valpene skal gå og hvordan de vil leve der i fremtiden. Seriøse oppdrettere legger all sin kjærlighet og arbeid i å oppdra et godt kull, slik at de ikke bare "overleverer" valpen, de overlater kjøperen litt av "sitt eget liv". Det er ingen tvil om at en kennel ikke ser ren ut til enhver tid, og det er også klart at hundelukt stiger opp der. Tross alt er hunder hjemme der.

Under ingen omstendigheter skal det lukte for mye (urin og avføring) og se ut som om knapt noen tar vare på renslighheten der. Normalt legger imidlertid oppdrettere stor vekt på helse, sosialisering og preging. Som regel blir Bolonka-Zwetna-valpene presentert for veterinæren noen dager etter fødselen, og noen uker senere får de sin første vaksinasjon. I de første ukene er valpene imidlertid beskyttet av antistoffene de tar opp med morsmelken.

## Hvor mye koster en Bolonka Zwetna valp?

Bolonka Zwetna valper er - som alle rasehunder - dyre. I gjennomsnitt betaler du en pris på mellom 1 000 og 1 500 euro. Avvik kan forekomme hvis du kjøper din Bolonka fra en oppdretter med en registrert kennel eller fra en oppdretter som ikke tilhører en klubb. Men vær forsiktig med tvilsomme tilbud, som kan finnes på forskjellige små annonsemarkeder. Dyrene er vanligvis syke.

Med en sertifisert oppdretter kan du være sikker på at valpen er sunn, oppfyller rasestandardbestemmelsene og har blitt kjærlig oppdratt av oppdretterne. Av disse grunnene er det alltid verdt å kjøpe en valp fra en oppdretter.

# Om denne serien

Den opprinnelige "tsarens hund" var utryddet med unntak av noen få dyr på slutten av 1700-tallet, da den franske revolusjonen nesten var over. Med bare noen få Bolonka Zwetnas fortsatte avlen i Russland for å bevare denne hunderasen.

Bolonka Zwetnas er tøffe hunder som er overveiende glade, lojale og veldig kjærlige. Det finnes ingen bedre familiehunder. Men denne hunderasen er også egnet for enslige eller eldre mennesker som fortsatt føler seg i form nok til en hund. De stiller få krav og liker å være sammen med menneskene sine. Bolonkas liker å leke mye, trenger nok mosjon og en lang tur minst en gang om dagen. Imidlertid er de like glade for å nyte lange timer med kos.

På grunn av sin lille bygning kan Bolonka Zwetna holdes veldig bra i en leilighet. Man bør imidlertid passe på å ikke la dem være alene for lenge, da de ikke liker det i det hele tatt.

Dette er det femte bindet i en serie med kompakte, virkelighetsnære håndbøker om hundetrening. De enkelte rasene presenteres av forfattere som har mange års erfaring og kjærlighet til hunder. Vi ønsker deg mange lykkelige og avslappede år med din firbente venn!

**Vi vil gjerne motta en positiv anmeldelse!**

# RUSSIAN TSVETNAJA BOLONKA

OTHER NAMES:
Bolonka Zwetna, Bolonka, Russian Bolonka,
Russian Colored Bichons, Colored Bichon

GROUP: Companion toy dog

BREED TYPE: Purebred

COUNTRY OF ORIGIN:
Russia

18-23 cm (7-9 in)
1.8-3.6 kg (4-8 lb)

Socialization 🦴🦴🦴🦴
Friendliness 🦴🦴🦴🦴
Trainability 🦴🦴🦴

Lifespan 12 - 14 years

Size

Colour

Printed by Libri Plureos GmbH in Hamburg,
Germany